葉靈鳳

叶灵凤（1905-1975）

南国红豆最相思

李广宇 著

法律出版社
——北京——

图书在版编目(CIP)数据

南国红豆最相思 / 李广宇著. -- 北京：法律出版社，2023

ISBN 978 - 7 - 5197 - 7919 - 1

Ⅰ. ①南… Ⅱ. ①李… Ⅲ. ①叶灵凤(1905 - 1975)—生平事迹 Ⅳ. ①K825.6

中国国家版本馆 CIP 数据核字（2023）第 087209 号

| 南国红豆最相思 NANGUO HONGDOU ZUIXIANGSI | 李广宇 著 | 策划编辑 许 睿
责任编辑 许 睿
装帧设计 乔智炜 李广宇 |

出版发行 法律出版社	**开本** 787 毫米×1092 毫米 1/32
编辑统筹 司法实务出版分社	**印张** 13.375 **字数** 183 千
责任校对 朱轶佳	**版本** 2023 年 6 月第 1 版
责任印制 胡晓雅	**印次** 2023 年 6 月第 1 次印刷
经 销 新华书店	**印刷** 北京盛通印刷股份有限公司

地址:北京市丰台区莲花池西里 7 号(100073)
网址:www.lawpress.com.cn   销售电话:010 - 83938349
投稿邮箱:info@lawpress.com.cn   客服电话:010 - 83938350
举报盗版邮箱:jbwq@lawpress.com.cn   咨询电话:010 - 63939796
版权所有·侵权必究

书号:ISBN 978 - 7 - 5197 - 7919 - 1   **定价:**128.00 元
凡购买本社图书,如有印装错误,我社负责退换。电话:010 - 83938349

目 录

香江纸贵出书难 / 001

忘不掉的《忘忧草》/ 017

珂勒惠支情结 / 031

《哥耶画册》与新艺社 / 043

《血的收获》，血的记忆 / 053

《未死的兵》谈屑 / 067

火线下的《火线下》/ 077

《红翼东飞》与新俄之恋 / 093

《读书随笔》版本考 / 105

《读书随笔》被删篇目 / 117

《阿柏拉与哀绿绮思的情书》/ 129

《香港方物志》成书记 / 143

《香港方物志》出版考 / 153

为什么要讲《香江旧事》? / 165

讲西书故事的《文艺随笔》/ 191

《北窗读书录》出版前后 / 207

《张保仔的传说和真相》/ 219

《晚晴杂记》的另一种读法 / 231

《记忆的花束》没能盛开 / 247

最后一捧《故事的花束》/ 257

"南斗丛书"的来龙去脉 / 277

《五十人集》首开先河 / 291

漂亮的《五十又集》/ 303

不妨以新雨的面目 / 315

新绿初呈时的欢喜 / 327

南国红豆最相思 / 337

《南星集》:非常六加一 / 349

那些计划中拟写的书 / 363

图片来源 / 391

后记 / 405

插图目录

香江纸贵出书难

叶灵凤 / ooo

纽约旧时街巷 / oo3

《香港寻书》书影 / oo4

《涟漪诗词》书影 / oo5

《叶灵凤日记》书影 / oo7

叶灵凤与陈君葆、高伯雨 / oo9

《紫禁城的黄昏》书影 / o1o

《红毛聊斋》插图 / o12

《海角天涯十八年》书影 / o15

忘不掉的《忘忧草》

《救亡日报》画刊 / o16

叶灵凤与夫人赵克臻 / o18

《忘忧草》书影 / o19

一九三八年前后的广州市街 / 020

内田鲁庵像 / 024

《纸鱼繁昌记》书影 / 024

内田鲁庵藏书票 / 024

斋藤昌三像 / 025

斋藤昌三藏书票 / 025

《藏书票之话》书影 / 025

荷李活道的旧书肆 / 027

珂勒惠支情结

二十三岁时的珂勒惠支 / 032

珂勒惠支版画《织工》中的《突击》/ 034

《凯绥·珂勒惠支画册》书影 / 037

人间画会同人在香港浅水湾萧红墓前 / 038

《凯绥·珂勒惠支之画》书影 / 041

《哥耶画册》与新艺社

《哥耶画册》书影 / 044

戈雅像 / 045

《笔谈》半月刊刊出的"新艺社艺术丛书"广告 / 046

黄蒙田《新美术讲话》书影 / 049

《耕耘》杂志页面 / 050

《血的收获》，血的记忆

梁永泰像 / 052

《铁的动脉》组画之一《火车出事了》/ 056

叶灵凤与梁永泰、黄蒙田等 / 058

《星岛周报》封面 / 059

叶灵凤与星岛同人等合影 / 061

梁永泰版画《从前没有人到过的地方》/ 062

《海岛速写》——梁永泰在海岛写生时最后的遗作 / 065

《未死的兵》谈屑

一九三八年前后的广州街市 / 068

石川达三像 / 069

《未死的兵》初版封面 / 070

《未死的兵》第四版封面 / 071

郁风画《未死的兵》插图 / 074

火线下的《火线下》

《粮食——保卫沙里津》封面 / 078

《粮食——保卫沙里津》封底 / 079

戴望舒《灾难的岁月》书影 / 081

孙寒冰创办的《文摘》杂志 / 082

日军轰炸香港 / 085

叶灵凤和戴望舒摄于萧红墓前 / 086

叶灵凤代表香港文艺界人士将萧红骨灰护送到深圳 / 088

叶灵凤悼念萧红的文章 / 089

巴比塞像 / 090

《火线下》法文版书影 / 091

《红翼东飞》与新俄之恋

《红翼东飞》书影 / 094

《烟袋》书影 / 095

《新俄短篇小说集》书影 / 096

《蒙地加罗》书影 / 098

巴甫连柯像 / 101

叶灵凤像 / 102

《读书随笔》版本考

正在阅读的叶灵凤 / 104

张静庐像 / 106

《在出版界二十年》书影 / 107

上海杂志公司版《读书随笔》/ 108

《洪水》封面 / 109

《戈壁》封面 / 110

《幻洲》封面 / 111

《现代小说》封面 / 112

《现代文艺》封面 / 113

《文艺画报》封面 / 114

《读书随笔》被删篇目

纪德像 / 118

《赝币犯》插图 / 119

《时代》杂志封面上的奥尼尔 / 120

《赝币犯》法文版书影 / 121

叶灵凤与罗孚 / 123

黄新波木刻《鲁迅先生葬仪》/ 124

《阿柏拉与哀绿绮思的情书》

Abelard & Heloise 插图 / 128

《塞耳彭自然史》插图 / 130

叶灵凤设计的《少年维特之烦恼》封面 / 131

都德在书房里 / 132

《磨坊书简》英文版书影 / 133

高更:《有光环的自画像》/ 134

《诺亚诺亚》手稿封面 / 135

叶灵凤译《阿柏拉与哀绿绮思的情书》书影 / 136

《阿柏拉与哀绿绮思的情书》一七八七年英文版扉页 / 137

《文艺世纪》创刊号封底广告 / 138

Abelard & Heloise 插图 / 141

《香港方物志》成书记

《香港史地》第一期版面 / 144

叶灵凤文章中的《塞耳彭自然史》插图 / 145

香乐思像 / 148

香乐思手绘《野外香港》插图 / 149

老版画里的太平山 / 150

叶灵凤父女与刘芃如 / 151

《香港方物志》出版考

《香港方物志》初版书影 / 154

新版《香港方物志》书影 / 155

柳木下《海天集》书影 / 156

唐英伟所绘老鼠斑标本 / 157

唐英伟《中国现代木刻史》书影 / 158

《新安县志》中的香港地图 / 159

赵克像 / 160

《香港方物志》再版扉页 / 163

为什么要讲《香江旧事》?

九龙寨城附近的宋皇台 / 167

叶灵凤香港史地三书书影 / 168

叶灵凤与区惠本 / 169

鸦片快船 / 173

《是谁的暴行》书影 / 176

各界斗委会代表到"港督府"抗议 / 177

《香江旧事》书影 / 180

高雄《经纪日记》书影 / 182

卢玮銮像 / 183

九龙城寨入口处龙津楼 / 186

讲西书故事的《文艺随笔》

斯皮茨维格油画《书痴》/ 190

《叶灵凤杰作选》书影 / 193

一九三〇年代上海四马路书店街 / 195

《查泰莱夫人的情人》扉页 / 196

《循环舞》书影 / 197

《现代》杂志上的叶灵凤著译广告 / 199

《妇心三部曲》书影 / 200

《文艺随笔》书影 / 203

《北窗读书录》出版前后

北窗下的叶灵凤 / 206

罗烺《北窗夜钞》书影 / 208

《北窗读书录》书影 / 209

黄俊东与刘一波 / 210

刘一波《惨变》书影 / 211

VII

黄俊东《猎书小记》书影 / 212

叶灵凤《时代姑娘》书影 / 213

《我们必胜！港英必败！》书影 / 214

陈凡编《艺林丛录》书影 / 215

学文书店版《漫谈小说习作》/ 217

《张保仔的传说和真相》

《国风》月刊封面 / 220

许地山像 / 221

早年的铜锣湾天后庙 / 223

西方人笔下的香港海盗被捕 / 224

《星岛周报》封面 / 226

《天下画报》封面 / 227

陈霞子像 / 228

《张保仔的传说和真相》书影 / 229

《晚晴杂记》的另一种读法

香港中环海旁 / 233

《晚晴杂记》书影 / 234

南京石头城 / 236

民国年间九江江岸之风景 / 239

民国年间昆山风景 / 240

郑慎斋画镇江金山塔 / 241

《礼拜六》杂志封面 / 242

《少年杂志》封面 / 243

《郭沫若归国秘记》书影 / 244

叶灵凤为郭沫若《橄榄》设计的封面 / 245

《记忆的花束》没能盛开

晚年的叶灵凤 / 246

上海时期的叶灵凤 / 248

叶灵凤设计的《南北极》/ 249

吴其敏在《海洋文艺》编辑部 / 250

《海洋文艺》封面 / 251

《望舒诗稿》书影 / 253

最后一捧《故事的花束》

《拉封丹寓言》插图 / 256

《伊索寓言》插图 / 258

薄伽丘像 / 259

The Modern Reader's Chaucer 书影 / 260

《坎特伯雷故事集》插图 / 261

《十日谈》书影 / 262

《茶花女遗事》书影 / 264

《茶花女》插图 / 265

郭林凤像 / 266

《十日谈》插图 / 269

安徒生像 / 272

《安徒生童话》插图 / 273

《巴尔扎克诙谐故事集》书影 / 274

《一千零一夜》插图 / 276

"南斗丛书"的来龙去脉

《万人周报》封面 / 279

《万象》封面 / 280

《六艺》封面 / 281

叶灵凤为苏雪林《绿天》画的插图《夜游》/ 283

《两叶集》书影 / 284

《故事的花束》书影 / 287

叶灵凤夫妇与子女摄于长女中绚婚礼 / 288

《五十人集》首开先河

《五十人集》书影 / 292

叶灵凤与张千帆、李子诵 / 294

《时代风景》封面 / 295

叶灵凤等人送张千帆离港返京 / 297

《文艺世纪》封面 / 299

《乡土》创刊号封面 / 300

漂亮的《五十又集》

包天笑像 / 304

《五十又集》书影 / 305

《五十又集》环衬 / 306

侣伦像 / 308

叶灵凤为《创造月刊》画的饰花 / 310

《落叶》书影 / 311

叶灵凤设计的《北新半月刊》封面 / 312

不妨以新雨的面目

《文艺世纪》封底的《新雨集》广告 / 314

《左拉》书影 / 316

《新雨集》书影 / 317

阮朗像 / 319

香港海旁风景 / 320

刘芃如像 / 322

叶灵凤与刘芃如、黄蒙田等合影 / 325

新绿初呈时的欢喜

叶灵凤插图《醇酒与妇人》/ 326

罗孚像 / 328

侣伦《黑丽拉》书影 / 330

《园边叶》书影 / 331

XI

《鲁迅诗文生活杂谈》书影 / 333

《新绿集》书影 / 334

南国红豆最相思

《红豆集》书影 / 338

叶灵凤夫妇与源克平、黄蒙田、阮朗等郊游 / 341

黄兆均日内瓦外长会议摄影 / 342

慕容羽军《海滨姑娘》书影 / 344

慕容羽军像 / 345

刘以鬯像 / 347

《南星集》：非常六加一

陈凡《风虎云龙传》书影 / 350

陈凡像 / 351

陈凡《秋兴集》和《转徙西南天地间》书影 / 352

陈凡画《漓江夜泊》 / 353

叶灵凤夫妇与女儿偕张千帆乘火车回国观光 / 357

内山书店外景 / 358

《南星集》书影 / 360

那些计划中拟写的书

比亚兹莱设计的《黄面志》/ 364

《新东亚》杂志封面 / 365

《大众周报》封面 / 366

李辉英像 / 368

《新中华画报》创刊号 / 369

叶灵凤在《新中华画报》发表的《不尽长江滚滚流》/ 370

索洛维奇克作高尔基像 / 373

《伊索寓言》插图 / 374

《一千零一夜》书影 / 375

曹聚仁像 / 376

《日安忧郁》书影 / 377

创垦出版社出版的《热风》/ 378

《一千零一夜》插图 / 380

《世界木刻史》书影 / 381

叶灵凤最喜欢的惠斯勒的《母亲》/ 383

《大众周报》的《书淫艳异录》专栏 / 384

《世界性俗丛谈》书影 / 386

叶灵凤(1905—1975)

香江纸贵出书难

叶灵凤一九三八年到香港，一直到一九七五年去世，一住就住了三十七年。在这三十七年当中，他始终没有停止写作，在各种报刊发表了海量文字，生前也有部分结集出版，但到底出过几本，都有哪些？却是一本糊涂账。不少文章在论列叶灵凤书目时往往残缺不全，有的甚至还有不少错讹。举例来说，李伟在《民国春秋》一九九六年第三期发表的《小记叶灵凤》称："晚年在香港期间，所写大抵都是随笔、小品类，有读书随笔、香港掌故和风物、抒情小品，成书的有：《读书随笔》、《文艺随笔》、《北窗读书录》、《香港方物志》、《香港旧事》、《张保仔的传说和真相》、《晚晴杂记》、

《霜红室随笔》、《白叶杂记》和《忘忧草》等。"其中，《香港旧事》应为《香江旧事》，《霜红室随笔》生前并未出版，《白叶杂记》更是上海时期的少作，《读书随笔》虽然出版于到了香港之后，但却是在上海出版，所收文字也是来港之前的居多。"中国作家网"之"现代作家词典"，在叶灵凤条下亦有"著作书目"，不仅逻辑混乱，有些错误还颇低级，例如，将"张保仔"误作"张保子"，将"晚晴杂记"误作"晚情杂记"，将"香江旧事"误作"香港旧事"，甚至还将《新雨集》这样的多人合集也混为一谈。即便是比较权威的文献，例如，香港学人陈智德编的《香港当代作家作品选集·叶灵凤卷》，卷末的《叶灵凤著作书目》也有遗珠之憾。

为什么会出现这么多的错讹？根源就在于以讹传讹。为什么会出现以讹传讹？根源就在于一书难寻。为什么会出现一书难寻？根源就在于既有年代久远，又有山水相隔。八十年代以前，内地恐怕没有多少人知道叶灵凤。我虽是中文系出身，但读大学的时候也只在《中国新文学大系》里读过他上海时期写的一篇小说。后来

纽约旧时街巷

随着三联书店推出三卷本《读书随笔》，我们才知道了一些他在香港出版的书的名字，但要得窥原貌，却不是一件容易的事，因为那时香港尚未回归，一般人少有能去香港的机会。我是一九九三年利用在纽约访学一年的机会，在唐人街旧书肆淘到几本，当中有《文艺随笔》、《香港方物志》，以及口袋本的香港史地三书，得书之

《香港寻书》书影

后那种兴奋劲儿,不是网络发达的今天所能想象得到的。

后来有机会到香港,本以为能把叶氏著述一网打尽,谁知却是竹篮子打水一场空。我曾出版过《香港寻书》和《香港书店鳞爪》,记录了我在香港走街串巷淘旧书的经历,有趣的是,叶灵凤的旧作竟然无一记录。神州书店老板欧阳文利直言:"你来晚了,那些书早都成文物了!"也确实,苏赓哲新亚书店拍卖会上倒是出现过叶灵凤,我虽说见到了海报,也没敢去看预展,因为知道那种天价不是我的"菜"。本地人还讲,香港市场小,书籍印数少。人都没有住的地方,哪敢给书匀一片空间。曾经听到一则"封面大王"的故事,说的是本港藏书大家方宽烈,苦于没地儿储存,只好把藏书的"瓤儿"都扔掉,只留下一堆花花绿绿的封皮儿。又在郑明仁《香港文坛回味录》中读到"藏书家十三车藏书当垃圾"的悲惨传说,"十三车书里暗藏珍品,有买家幸运地从书堆捡到一件虚谷的扇面,单是这幅扇面,已抵得上整车书的售价"!

以上说的是收藏难,至于出书难,更让人不住感叹。叶灵凤早在一九四七年二月二十二日的日记中就说过:"本拟出版一些小册子,国币如此跌价,内地购买力受影响,怕不容易做了。"这还是战时的情形,和平之后也无改观。仅一九五一年一年,就有许多计划不幸搁浅。例如,一月三日日记说:"写《香海拾零》续稿。暹罗有一读者写信来问是否有单行本。问此类问题者甚多。但目前纸价很贵,出版颇难够本。

《涟漪诗词》书影

今日新闻纸每令市价已五十一元。早半年仅二十余元而已。"六月十三日日记说:"整理前以'秋生'笔名写的杂稿,因有人要出一单行本,名《欢喜佛盦杂谈》。检出七万字剪贴校改错字。"他甚至还"写一小序",并已"交给出版人",但后来并不见有下文。九月五日日记说:"整理剪存已发表的文稿,决定将若干篇关于藏书家的译文编成一集,以应李辉英之约,书名拟'爱书家的散步'或'爱书家的假日'"。但也成了空头支票。这一年,他又"整理年来所写《香海拾零》剪稿,略加补充校改",认为"似可编成三种:一、《香港史地论丛》收较完整较长的单篇,有关本地史地者。二、《香海拾零》收零碎的有关香港掌故的短篇。第三种为《草木虫鱼》。有关香港自然史地者,拟名为《香港自然史讲话》。"但他生前只完成了第三个心愿,也就是出版了《香港方物志》。挫折遇多了,便有了一番感慨,《〈南星集〉及其他》一文说:"在香港这地方要出版一本书,有点不容易,尤其是文艺书。出版家接纳了一本书,总好像要表示是一种'牺牲',不是为了图利,使得有兴趣写一点正经文艺作品的人也感到自怯,不好意思向出版家开口,怕出版了会使他赔本。"

李辉英在《三言两语》的《后记》中,也有一段关于"香港纸贵"的吐槽,这也间接地解释了他约叶灵凤出书,为什么成了空头支票。

《叶灵凤日记》书影

适逢世界性的经济衰退,到处泛滥,引致百业消杀,生意难做,不但新闻纸张,出现了缺货的现象,就是其他行业,也都随着水涨船高,多做多赔,少做少赔。例如,两家兼做出版生意的商号,由于"香港纸贵"的关系,有的束手无策,有的索性关了大门,另作他图了,你如果跟他商谈出版的业务,他不睁起了大大的双眼，狠狠的责斥你神经病才怪。

掌故大家高伯雨与叶灵凤生活在同时期的香港，他的遭际，也佐证了叶灵凤所言并非耸人听闻。这位听雨楼主人自述："我在香港卖文为生，凡五十二年之久，写下了杂文约一千万字。"但也只在早期出版过三本以《听雨楼》为名的书，"后来《听雨楼》三次遇到灾难，吓到我魂不附体，所以近十年不敢以《听雨楼随笔》之名出书了。"三次灾难都是故事，有稿子丢失，有店家停业，有无疾而终，这里不再详述了，要说的是在他耄耋之年终于如愿出版的一本书，还是靠他的子女暗中资助才告完成。出书如此不易，是高伯雨的书不好读吗？恰恰相反。在掌故家瞿兑之眼里，"掌故专家以随笔擅长的，一南一北，有两位"，一位是徐一士，另一位就是高伯雨。他并且说：

高先生毕竟年纪轻些，他已经吸收了徐先生的优点，再加上蓬勃充裕的精力，自然更能适应这个

叶灵凤与陈君葆、高伯雨（右一）

时代，所以对他的期望特别殷切。他的每一部新著都必定是读者所热烈欢迎的。首先，我们喜欢他那种轻快的笔调，妙绪环生而并不是胡扯，谈言微中而并不涉轻薄。真是读之唯恐其易尽，恨不得一部接一部迅速问世，才能满足我们的贪欲。

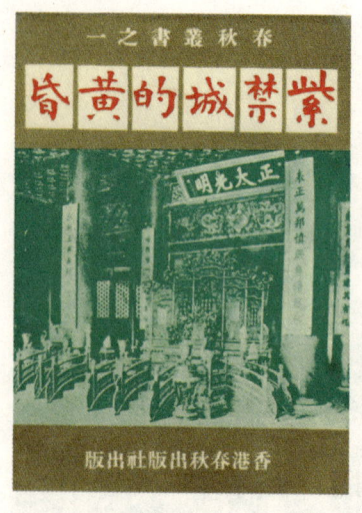

《紫禁城的黄昏》书影

叶灵凤与高伯雨志趣相近，难免时相过从，牛津香港版《图说听雨楼随笔》文史编的封面，就是他们两个和陈君葆一起到离岛出游的旧照。叶灵凤在《读〈三冈识略〉》中曾道："前些时候，我曾说过，不曾读过董含的《三冈识略》，并且久觅此书不得。伯雨先生见了，说他有《说铃》丛书本，愿借给我一读。……我当然很高兴，日昨将书借了来，亟亟在灯下展卷快读。"投桃报李，叶灵凤当然也会借书给伯雨。叶灵凤一九六八年五月十五日日记就说："高贞白摘译《紫禁城的黄昏》出版，见赠一册，原本英文是我借给他的。"高伯雨编文史掌故杂志《大华》时，还向叶氏约稿，这事也见于叶灵凤日记，事在一九七〇年十二月十五日，"五时应高贞白之邀到美兰餐室喝茶,以剪纸交他。承他以《花随人圣盦补编》见赠,又补足所缺《大华》二期。"

罗孚先生为三联选编《读书随笔》三卷,堪称功莫大焉。一方面使得叶灵凤已出版的几本港版书为内地读者所知,另一方面也将一些散篇零简首次集结成书。但也存在不少遗憾。一是受限于"读书"的话题,收入的成书不全,已收入的也有不少篇目的删减;二是首次结集的散篇零简也只是挂一漏万,譬如,仅是为《新晚报》写的《霜红室随笔》专栏,就还有大量的篇什没有入选。而叶灵凤长期经营的专栏连载,又岂止一个《霜红室随笔》?譬如,为《快报》副刊写的《炎荒艳乘》亦很出名,但据卢玮銮先生讲,如今就连香港各大图书馆都惜无馆藏了。还有一个《红毛聊斋》,是为《成报》写的连载,内容是译述一千零一夜故事,一口气连载了十多年。我花高价买来几张老《成报》,只是为了一见庐山真面目,过下瘾而已,谁知一读便放不下,徒增了许多相思。这些当然都是不能及时成书所带来的遗憾。

值得指出的是,在香港,出书难也不能一概而论,

《红毛聊斋》插图,绿云画

还是有例外的,譬如叶灵凤《星岛日报》的同事易君左,出起书来似乎就很容易,他在《海角天涯十八年》一书中说:"想不到住在香港十八年,各出版社各书局出版我的著作竟达三十余种之多。"何以如此呢?此君也丝毫不加避讳,直言是受了自由出版社的"美援"。

易君左还承认:"另外一个比自由出版社产生较迟一点而一样拥有相当雄厚的'美援'的自由文化机构是'亚洲出版社'。""亚洲出版社约我先后写了一共五本专书。"关于亚洲出版社,香港作家许定铭曾说:"'亚洲出版社'出版的范围很广,但对文艺似乎很注重。尤其那批从国内流亡出来的落魄文人,似特别受到照顾。"他还开列了一条亚洲出版社的书目,作者方面除了易君左,还有赵滋蕃、沙千梦、谢冰莹、南宫博、齐桓、黄思骋、盛成、董千里……

当时香港管这种"美援"叫作"绿背"文化。所谓"绿背",就是美钞。"绿背"不仅拉拢写书的人,也拉拢书店和出版机构,例如,久负盛名的大公书局就因见钱眼开接受"绿背"而断送了自己的前途。香港掌故家罗隼对此有过记述:

> 五十年代后期,香港文化界出现反共阵线,以"自由"为旗号可以拿到一些美元津贴,大公书局就印行一些反共的文学作品,争取津贴,自此以后,他的旗帜鲜明,也许拿到一些美元,却吓走了一部分原来的读者。……大公书局因此课本的生意受到了影响,有些好的伙计离开的离开,搞的货色不全,人家买这缺那,而领得的津贴,杯水车薪,也难以

维持开销,终于要结束营业。

有趣的是,大公书局也来约过易君左的稿,因此易君左也见证了大公书局被债权人索债的尴尬场景。他说:

> 在《祖国江山恋》出版后,香港大公书局老板徐少眉先生一定要我替他们写几本书,于是先后完成了四本。……后来大公书局关门,债权人组织索债团向徐少眉追追,因为我有相当多而未付的版税,也邀我参加,我毅然拒绝了,而且劝他们不必这样"落井下石",书局倒闭是万不得已,徐老板又是一个标准好人,何必如此反面无情?索债团受了我的感动,才无形涣散。我在香港总算做了一件合乎道义的事。

正所谓吃了人家的嘴短,受人津贴,纵使是打着"自由"的旗号,可是哪能有"自由"可言?叶灵凤虽然很想出书,却从不想为了出几本书而失去"自由"。不仅不这样做，他还曾破例写打油诗对此予以抨击。一九五一年九月，有一位叫作范基平的，化名上官大夫主编《四海》画报，背后资助者即为美国新闻处。叶灵凤特意写了一组打油诗《月儿弯弯照九州》，以"霜崖"笔名发表在一九五一年九月十五

《海角天涯十八年》书影

日《星岛日报·星座》。其中之六为："月儿弯弯照九州，几家欢乐几家愁，山姆大叔搞出版，有人弹冠似沐猴。"正是由于对叶灵凤先生宁愿少出几本书，也不突破"文章防线"的做法至为钦佩，我越发孜孜矻矻地搜求他那不多的一些港版书。不幸的是，过去是见到了没钱买，现在则是即使有钱也买不到，所以历年所积，虽说大有可观，也还有漏网之鱼。不过即使面对这不算完整的收藏，也足以满心欢喜了。

《救亡日报》画刊

忘不掉的《忘忧草》

　　《忘忧草》是叶灵凤在香港出版的第一本小品随笔集，香港西南图书印刷公司一九四〇年十一月印行。封面上方是一帧富于装饰趣味的草木小品，下方是手写的书名，扉页有副题"散文随笔集"字样。叶灵凤的忘年交黄俊东在《老作家逝世了——悼叶灵凤先生》一文中曾说："叶氏初来港时，喜欢写小品散文，刊有《忘忧草》一书。"严格讲，《忘忧草》虽则是"初来港时"出版，但内容并非全是作于"初来港时"。他在书末的《后记》里说："一九三八年三月间，我离开上海只身到了广州，在广州住了近八个月，在她失陷前几天，才来到香港。""这集子里的前几篇散文，是在广州写的，以后的七八篇，则是初来香港时，对于这个失陷了的我

叶灵凤与夫人赵克臻

心爱的城市的追忆。"一九六九年冬季，另一位香港藏书家翁灵文在旧书铺中买到一本《忘忧草》，扉页上题有这样几个字："赠夏衍兄，纪念在广州的一段生活，灵凤。卅年五月一日。"翁灵文在《怀思叶灵凤先生》一文中说："得此书后，本想仍然归还叶灵凤先生，在通电话时提及，他也颇感到意外。继说：'这本书我处有着二本，还是你留下吧，送书者和受书人你都熟稔，总算有点纪念性。'"由叶灵凤的赠言，可以再一次印证这本书的内容，以及出版这书的用意，都更是为了纪念已经落入日寇魔爪的广州。广州是叶灵凤由上海南来香港定居的过渡，他在广州"住了近八个月"，是参与《救亡日报》的复刊，夏衍正是《救亡日报》的总编辑。那一时期，叶灵凤的家人已来香港，叶灵凤人在广州，家在香港，周末有时去香港看家人。最后的一次，也就是广州沦陷前的几天，去了香港就再也回不了广州，因为日军跑在他前面进了五羊城。从此，他就在香港长住下来，度过了整个下半生。

从篇目来看，写于广州的部分，很有些花木小品的性质，譬如《散尾葵》、《相思鸟》、《凤凰木》、《文竹》、《水横枝》、《双鹇鸪》、《忘忧草》……似乎是他后期用心之作《香港方物

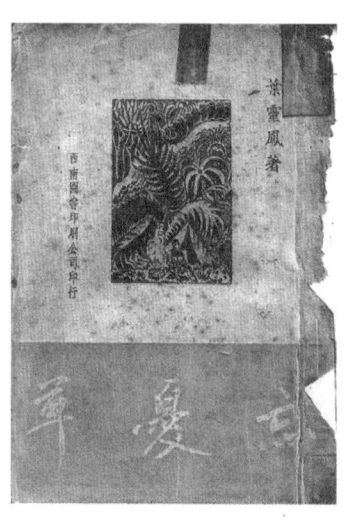

《忘忧草》书影

一九三八年前后的广州市街

志》的前奏，但它们显然不是一般的吟风弄草之作，而是以"草木寄情"，寄的是家园之失的"愤慨和沉痛"。在他的笔下，花木虫鸟总是与警报、弹片或者废墟共存，充满"感时花溅泪，恨别鸟惊心"的况味。例如，那篇《相思鸟》，写的是"宿舍骑楼上有一只不知被谁抛弃在那里的空鸟笼，茶黄色竹丝制的，市上所惯见的豢养相思鸟的鸟笼"。有一天下午，"正是轰炸后的第四天"，他们正在讨论问题，"突然，窗外嗖的一声，骑楼上飞来了一只相思鸟，很熟悉的停在那一只空鸟笼上"。飞走飞来几个回合，那只相思鸟没有了开始时的惊吓和踌躇，"很自在的从开着的笼门钻了进去"，"贪婪的啄着缸里的荔枝"。目睹着眼前这"饿透了"的可怜的相思鸟，他们"恍然于眼前这一幕"："房屋炸成了平地，主人也许不幸殉了他的家园，但这小小的相思鸟，却神迹似的成了漏网之鱼。"文章的结尾更是点题之笔："一想到和这相思鸟一样，流散在祖国地面上无数的失去了家乡的人，围着笼子，大家不觉一时都沉默了起来。"

《忘忧草》这篇，则是对失落在广州的他那几本心爱的小书的追怀。看看书名，你就知道都是爱书人的心头之爱：《猎书家的假日》、《英国的禁书》、《书与斗争》、《藏书快语》、《藏书这玩意》、《书志学讲义》和《纸鱼繁昌记》。尤其是《纸鱼繁昌记》，对于叶灵凤更是别有意义。他在文中这样交待：

  这是日本研究西洋文学和版本的先辈内田鲁庵的随笔集，由《书物展望》的编者斋藤昌三编印的。斋藤昌三是日本的藏书票专家，一九三三年前后，我因为搜集藏书票和有关的文献，与日本许多的藏书票收集者开始了通信和交换。大约因为内田鲁庵的这部《纸鱼繁昌记》有不少藏书票的插图和有关的文字吧，斋藤昌三氏便将这本书和他自己著的《藏书票之话》各寄赠了一本给我。为了这事，我买了吾家叶德辉的《书林清话》和《书林余话》回赠他。

《藏书票之话》对于叶灵凤，乃至对于整个中国藏书票爱好者都有着不可估量的影响，因为叶灵凤参考该书撰写的《藏书票之话》，被认为"是中国第一篇，也是在以后相当长时期内较为权威的一篇探讨藏书票历史和艺术特色的文章"。陈子善曾说："初版或限定版的斋藤昌三书话著作早已成了日本爱书人竞相搜藏的珍籍，《藏书票之话》无论是初版还是再版本，都是可遇而不可求的。"幸运的是我捡漏了一册初版本。《纸鱼繁昌记》我也买来了，是昭和七年（一九三二年）的初版本，而且是五百部限定版。褐色粗麻布封面，外带函套。卷首有鲁庵的藏书票、照片和六方印鉴。用纸印刷亦极精良，实在是书物极品。爱不释手之际，更加理解叶灵凤的"煮鹤焚琴之叹"。其实，叶灵凤失去的岂止这七本书？上海沦陷，他的万卷藏书不能带走，最终全部失散。随身带到广州的这几本"谈论书物版本聚散变迁"的"战时的奢侈品"，也因广州的沦陷，"永远不能和我见面了"。这组文章，一方面，开启了他此后善写的读书随笔的先河；另一方面，也更沉郁的，是书外的情愫："我忘记不掉这几本书，正像忘记不掉使我安居了八个月的那一片可爱的肥沃的土地一样。"每一个爱书家几乎都是视书为生命的，叶灵凤同样对失掉的心爱的书"不能忘去"，但他之所以记下这一笔，又意在"忘记了罢，像忘记一朵开过的花"。血债总要清偿，"如果清偿的取得还需要更多的日子和更多的牺牲，我也毫不吝啬那幸存着的另一部分贫弱的收藏。"

如果说，《忘忧草》的前半部分还有一些抒情的成分，写于香港的后半部分则更像直白的政论杂文，其中的主线不外是"一面加紧团结，拥护抗战。一面加紧用我们的笔，暴露汉奸的阴谋，尤其是文化汉奸的'文化

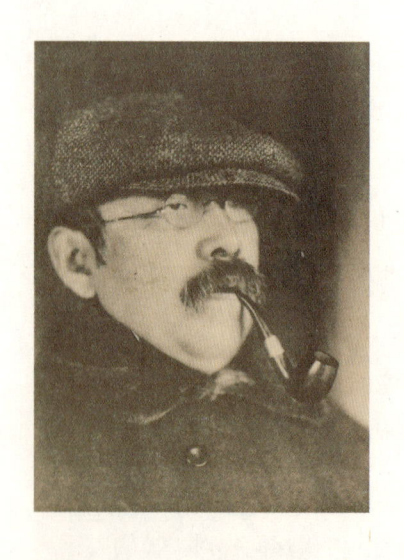

内田鲁庵像（左上）
《纸鱼繁昌记》书影（左下）
内田鲁庵藏书票（右下）

斋藤昌三像（右上）
斋藤昌三藏书票（左下）
《藏书票之话》书影（右下）

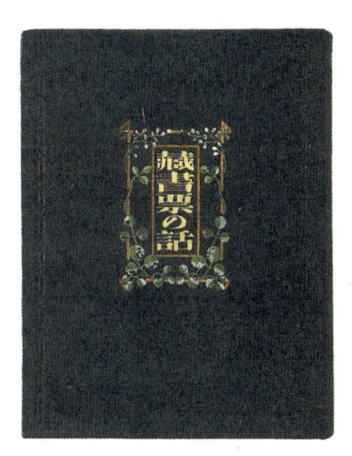

阴谋'"。那个时期，香港曾经爆发一场"抗战与和平"的论战，肇起于《南华日报》对于"和平运动"与"和平文艺"的宣传。《南华日报》由汪精卫的亲信林柏生在香港创办，为配合汪精卫主张的"和平运动"，《南华日报》透过副刊《一周文艺》和《半周文艺》极力鼓吹"和平文艺"，其中一位叫作"娜马"的更成为马前卒。娜马等人的"和平反共"、反对抗战的主张引来抗战文艺阵营很大的反响，据陈智德说，反击文章的作者就包括叶灵凤，矛头直指娜马。娜马自己说，叶灵凤的《忘忧草》收进了三篇骂他的文章，并且在他的"娜马"的名字之后说："我疑心它是不是姓'丢'"。娜马自然觉着很受侮辱，于是在《南华日报·半周文艺》发表了一篇回击文章，标题也叫《忘忧草》，文章的核心内容只是嘟嘟囔囔怨叶灵凤不同时附上他的原文，其余一无可观，只是开头部分描写买《忘忧草》的一段倒是非常有趣：

忘忧草，是叶灵凤先生的一本杰作，也许是他

荷李活道的旧书肆

继双凤楼随笔后的又一杰作吧！这本书，出版了已经好几个月，因为是"每本定价港币六角"，乃使购买力相当薄弱的我无从拜读了。

昨天，在摩啰街的旧书摊里见了十多本，姑且就近去一问价：索价六个铜子，我还三个，就成交了！（不敬之极，顺在这里向叶先生深致歉意。）

这个手法，非常的小儿科，叶先生看了，想必会呵呵一笑。娜马究竟是谁，我非常好奇，可惜几十年过去始终无人认账。香港的文学史家也为这一谜团所困扰,郑树森、卢玮銮在一篇关于沦陷时期香港文学及资料的对谈中,曾经拼凑出一些有关娜马的消息。郑树森说:"刚才提到的娜马,不知何许人,今天似乎很难考据他的真实身份,我们从旧诗词的酬唱活动以及其他资料,可以归纳几点。首先他是广东人,是广东的国民党,后来成为汪派的国民党,来往粤港之间,相当熟悉广州情况,他也有一些游记作品,可见他对其他华南地区不陌生。香港沦陷前,他已经在香港活动,曾经因汪派'和平文艺'问题和'新风花雪月文学'跟叶灵凤笔战。叶灵凤在论战中还激动得以'娜马'谐音的脏话斥骂,又认为娜马背后是一小撮人,可能有五六位。香港沦陷后,'新风花雪月'实际上已被'谐部'取代,'和平文艺'不能再讲,被日人要求的'大东亚文学'取代,娜马便是个摇旗呐喊的人物。和平后看不到他有什么活动,或者他已经改头换面,以其他身份出现。"卢玮銮说:"他接着去了广州,还说要去北方,不再回来。"郑树森说:"他说的北方应该是指南京,但他在南京当上什么位置?

不清楚。"

陈智德在《板荡时代的抒情：抗战时期的香港与文学》一书里说，日据时期，娜马似乎仍然滞留香港，继续在《南华日报》副刊写文章，"一九四四年间发表了多篇文坛掌故，记述战前的'广东文学会'，具文学史料价值"。这些文章我找来看了，几乎都是些骂骂咧咧的东西。例如，他在《记广东文学会》中说："当下我即和祝教授闹翻了，他骂我匪徒，我骂他乌龟，我与广东文学会的关系就从此一骂而止。"可见娜马一直就是个很具攻击性的粗人。有意思的是，一直到沦陷时期，他仍旧对挨叶灵凤的骂耿耿于怀，在《今之第三种人》中，他写道："又记得是在和平文艺运动在香港发动的时候，第三种人也出来趁热闹，帮架子，与正统的'抗战文艺者'们，携手起来，闹了一个滑稽的挑战。那时文坛上盛行一种风气，就是所谓'丢那吗'笑话运动，据说这是鲁迅打狗精神之复活！第三种人之勇敢，余亦为之甘拜下风。"

乱世纷纭，往事如烟。如今我所艳羡的，只是娜马能够有机会在旧书摊一下子碰上十多本《忘忧草》。撇去当年的是是非非不谈，他这篇文章本身，也算较早记录香港旧书市场的文献之一了。藏书家郑明仁在《香港文坛回味录》中曾说："香港旧书店的发源地应该是从中上环一带开始，这跟香港开埠的历史轨迹有关。以前中环半山区大宅大扫除，很多旧书便给收买佬卖到旧书店和旧书摊。早年上环摩啰街便有卖旧书的店铺和书摊，很容易便可捡到民国时期名人题签的旧书。"刚从广州来香港那几年，摩啰街也常常留下叶灵凤的身影，他的日记中也有零星记载。传说他那部镇宅之宝《新安县志》，就是在摩啰街淘来。离摩啰街不远，荷李活道一带也曾遍布大大小小的旧书店旧书摊，叶灵凤在香港沦陷时期几乎每天都来光顾，在《都市的忧郁》等篇章中也曾记下片段风情。可惜天不假年，否则，他兴许也会写出一本趣味盎然的香港旧书店回忆。

珂勒惠支情结

叶灵凤最初在香港印行的单行本,不是自己的作品,而是为两位外国画家编辑的画册,一是《凯绥·珂勒惠支画册》,一是《哥耶画册》。两本画册都是由新艺社出版,据画家王琦回忆,叶灵凤"原来就是当年'新艺社'的主持人"。

画家哥耶(Goya,今译戈雅)暂且略过不表,单说珂勒惠支(Kathe Kollwitz),就让人产生一些疑惑:为什么叶灵凤不长记性,一再与鲁迅撞车呢?因为大家(包括叶灵凤本人)都很清楚——鲁迅对这位德国女画家情有独钟,更是将她介绍到中国的第一人,不仅收藏过她的不少版画原作,还在一九三六年五月以三闲书屋名义自费出版了《凯绥·珂勒惠支版画选集》,这是中国出

二十三岁时的珂勒惠支

版的第一本珂勒惠支画集,也是鲁迅生前出版的最后一本书。"印造此书,自去年至今年,自病前到病后,手自经营,才得成就",说完这段话三个月,鲁迅与世长辞。

考察叶灵凤心迹,首先还是对珂勒惠支真心喜欢;或者说,叶灵凤有一个珂勒惠支情结。在《气氛不同的

书店》一文中,叶灵凤这样说:

> 从前上海也有一家这样的书店,起初开在北四川路桥邮政总局附近,面对苏州河,后来又搬到静安寺路,是一位德国老太太开的,我已经记不起这家书店的名称了,它是当时上海唯一专门出售进步外文书籍的书店。……这家德国老太太开的书店给我印象很深。因为正是在那小小的橱窗里,我第一次见到珂勒惠支的版画原作。

在《序珂勒惠支画册》中,叶灵凤再一次提起这家德国书店,这次说的是,这家书店"有一次举行了一个小规模的版画展览会,都是原作者手拓签名的作品",叶灵凤"记不起陈列的是哪一些人的,但现在想起来,最多的怕就是珂勒惠支的作品"。他当时就爱上了其中的两幅,一是《农民战争》中的《反抗》,一是《织工》中的《突击》,"当时正从美国《新群众》月刊和日本复制印刷品上开始接近新艺术的我,从未见过一帧画面

珂勒惠支版画《织工》中的《突击》

上表现着这样的紧张，有力和激愤。我站在这两帧画面前惊怔了。我想拥有它，但每幅三十几块的定价，使我完全放弃了这种奢念。"他还不无羡慕地说："后来鲁迅先生将这两幅版画都影印了出来，说不定就是从这家书店买去的。"所以，在有条件的时候，为珂勒惠支印一本画册，也算圆了自己年轻时的一个旧梦。

如果只停留在个人喜好、个人梦想层面，那就有些把叶灵凤看低了。固然，"在技巧方面，珂勒惠支在这两辑铜版画上达到了日耳曼古典版画大师们的最高水准"，但是，和鲁迅一样，叶灵凤看重珂勒惠支，并不是"为艺术而艺术"，而带有明显的目的性。恰如珂勒惠支自己所言："我同意我的艺术是有目的的，在人类如此无助而寻求援助的时代中，我要发挥作用。"鲁迅青睐的是珂勒惠支画作所透出的"慈爱和悲悯"，"这是一切'被侮辱和被损害的'母亲的新的图像"。叶灵凤也认为："成为当代第一流艺术家的珂勒惠支，她的作品受到普遍的爱好、赞美和尊敬，是因了她在每一幅作品中所寄托的同情、爱、憎恨和愤怒。"珂勒惠支一生都在反映历史和现实中被压迫民众的悲惨状况，记录他们的起义和抗争史迹，这恰恰是中国的普罗艺术所需要的营养。

"目的性"不代表就要否定"艺术性"。珂勒惠支自己就认为，她的"作品不是纯粹艺术，但它们是艺术"。鲁迅也经常告诫木刻青年不要过于宣传化，比如，工人画成斜视眼,伸出特别大的拳头。叶灵凤印行这样一本画册,也有着跟鲁迅大致相同的考虑。他在《序珂勒惠支画册》中说得格外透彻:

中国的版画艺术,正和它的工作者一样,都还在青年时代,但已经被迫不得不担负压到眼前来的艰巨的责任。面对着伟大的民族解放战争,它所提供的无数神圣、勇壮、悲惨、苦难的素材,青年艺术工作者感到了自己应尽的责任,但同时对于这种种伟大复杂的题材,又感到自己的技巧不够纯熟,无法自由地表现自己的意象。同时,又没有时间可以学习,更没有地方可以获得良好的指导和参考,于是有一种说不出的苦闷和彷徨。这册画集的出版,我以为,在这方面至少可以填补一部分的缺欠,救了暂时的急。珂勒惠支所惯用的题材:死亡、贫苦、饥饿、争斗,她在这上面所寄托的同情和愤怒,她所给予的启示和鼓励,她所运用的写实而又象征的强劲有力的手法,都可以使我们从她的作品上获得

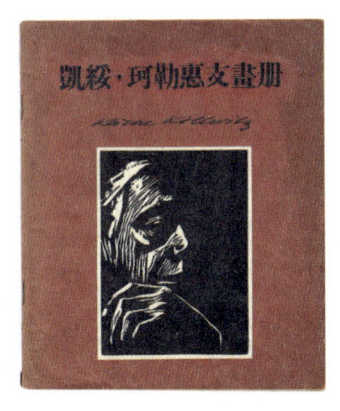

有益的参考和帮助。还有，更为重要的，她对于现实的认识，她始终不渝的政治信念，她对于艺术的忠实，至老学习不懈的刻苦精神，更是每一个艺术工作者的永久的模范。

《凯绥·珂勒惠支画册》书影

接下来的问题是，虽然有用，但在鲁迅之后重复出版这样一本画册有无必要？这要回顾一下鲁迅出版《凯绥·珂勒惠支版画选集》的具体情形。正如前面说过的，这本画册是鲁迅自费出版，所以初版本只印了一百零三本，内有四十本为赠送本，三十本送往国外，交内山书店在国内发售的仅有三十三本。虽然此后文化生活出版社在一九三六年十月根据初版本缩小重印了此书，但精装也只印了五百本，平装也只印了一千本，远远满足不

人间画会同人在香港浅水湾萧红墓前,后排左一为王琦

了读者的需求。鲁迅当年曾在画册扉页上印了"有人翻印,功德无量"八个字,可他万万料想不到,响应这一号召的,不是别人,正是他的"死敌"叶灵凤。王琦曾经先后拥有过鲁迅和叶灵凤编辑的两本画集,他在比较

之后说:"这本《凯绥·珂勒惠支画册》收集的三十二帧作品,大部分是三闲书屋版本里所没有的。"这就不仅仅是"翻印"了,从更多地绍介珂勒惠支版画这一点来说,也是"功德无量"的。至于它如何"有用",王琦在发表于《读书》一九八四年第十一期的《从几本外国版画集想起的》一文中有过非常生动的讲述。

一九三八年十二月,当我离开延安前夕,把《凯绥·珂勒惠支版画选集》赠给了美术系一位快要上前方去的同学。我回到重庆后,想买到同样的版本已经不可能了。在一九四一年秋,才从生活书店购得香港"新艺社"出版的一种二十四开本的《凯绥·珂勒惠支画册》和另一本同样开本的《果耶画册》。……在抗战时期,看到这两本画册,感到特别亲切和有用,因为当时中国人民正经历着侵略与反侵略、压迫与反压迫的严重斗争,画册里所表现的内容,也正是和中国人民一样所身受的苦难和血泪的历史。同时,也正是需要有良心和正义感的画家,像几百年前的果耶和现代的珂勒惠支那样,把侵略者、剥削者的罪恶向全世界善良的人民进行有力的揭露与控诉。这两本画册印数不多,发行到内地的更有限,在艺术界中引起珍视是自然的。一九四三年秋,我在育才学校美术组任教时,有两位美术界友人把这两本画册借去。不久,他们要去新四军参加工作,我便把画册赠给他们作为纪念。

薄薄的两本画册,竟被带去了新四军,并且可能在它们的影响下创作出抗敌作战的美术宣传品,叶灵凤知道了,也定会欢欣鼓舞。事实上,到了一九四八年春,王琦真的从南京去了香港,参与黄新波发起的人间画会活动,经黄新波介绍,认识了叶灵凤。王琦多少年后还记得叶灵凤送书给他的情形:"他听了我说起这两本画册的经历时,便慨然把自己仅存的两本《凯绥·珂勒惠支画册》中的一本赠给了我,一直珍藏至今。"不过,兴许是王琦手边没了《哥耶画册》,所以在文中误记为《果耶画册》;就是那本《凯绥·珂勒惠支画册》,也有一些地方值得核对。例如，他说："卷首转载了三闲书屋版本刊载的由史沫特莱撰写由茅盾翻译的一篇序文。"但我藏的这本却没有。翻开酒红色的封面，是一帧珂勒惠支的自画像和手写体的签名，接下来便是

《凯绥·珂勒惠支之画》书影

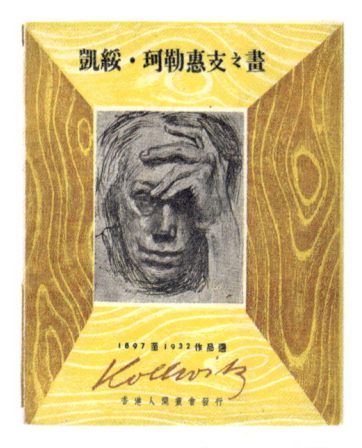

占了三个页码的《图解》，《图解》之后是叶灵凤的《序珂勒惠支画册》，占去四个页码，序文插入题图和插画各一帧，并不包括在正文的三十二幅画作之内。我所藏的这本标明是"廿八年十一月再版"，因为没有见到初版，所以不知道两个版本有什么区别。叶灵凤序文的落款是"一九三九年十月在香港"，可见不足一个月就有了第二版。藏书家姜德明还说，到一九四〇年年底，它已经印行了三版，受欢迎程度可想而知。

一九四九年五月，黄新波主持的香港人间画会亦发

行过一本《凯绥·珂勒惠支之画》，选辑一八九七年至一九三二年作品三十七幅。卷首有人间画会成员谢子真写的《人民艺术家凯绥·珂勒惠支》一文，也提到了叶灵凤选编的那一本。文章说："一九三六年鲁迅先生出版了《凯绥·珂勒惠支版画选集》（三闲书店），这一年，香港新艺社也刊行过一本《凯绥·珂勒惠支画册》。这两本书现在都不易见到，虽然间中在报章美术画刊或杂志上还可以见到零星的关于她的介绍文章和作品，但多嫌不够。"文中所说新艺社选本的出版时间显然记忆有误，一九三六年，叶灵凤还没到香港，新艺社也还不可能成立呢。

《哥耶画册》与新艺社

《哥耶画册》是新艺社丛书的第二种，姜德明《书坊归来·新艺社和"新艺社丛书"》抄录了一则有关这本书的广告：

> 哥耶是十九世纪西班牙大画家，身经拿破仑侵犯西班牙之役，目睹异国军队占领下之种种暴行与惨状，愤而刻成此著名之铜版画集《战争的灾难》一辑，西班牙民众经七年之苦斗，卒将侵略者驱出国境，哥耶与有力焉。本册选辑哥耶是项名作四十余幅，内容精湛，由叶灵凤先生作序，详论哥耶之时代背景及其作品之含义，不仅可供爱好艺术者之收藏和欣赏，且足为战时艺术宣传之良好借镜也。

由这广告词，也可看出，比之于那本《凯绥·珂勒惠支画册》，这一本的功利性更加明显，一如扉页和序言之间空白页上那两行醒目的黑体字："谨献给以画笔服务抗战的同志们。"叶灵凤更在序文《哥耶和他的〈战争的灾难〉》的一开头，直接点明了以资"借镜"的用意：

> 向着法西斯蒂牵线下的弗朗哥叛军作英勇斗争的西班牙民众，在一百多年以前，曾经遭遇过一次和今日中国民众所遭遇的同一命运：在自己的国境内，在不相称的装备抵抗之下，悲惨的受着敌人的残杀和掠夺。

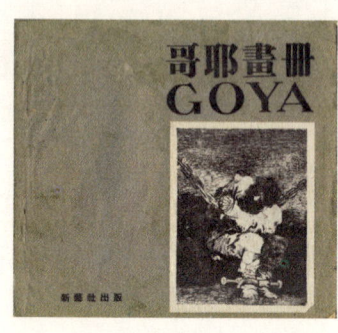

《哥耶画册》书影

在简练而生动地介绍了一百多年前拿破仑向西班牙发动的那场侵略战争的始末之后，叶灵凤接着写道：

从一八〇八到一八一四，这七年间在异族蹂躏下的西班牙，她的民众所忍受的苦难和表示的英勇，这"战争"所给予人类的一切，都被当时西班牙的大画家哥耶亲身遭遇而且感受了。六年后，这位七十四岁的老画家，为了逃避在他的祖国又渐渐抬头起来的宗教势力，流亡到法国的波尔多，但是铭刻在他心上的那些目睹的惊心怵目的印象使他不能安定，于是用混合热情和愤怒的一种西班牙人的讽刺，他作了一辑铜版画（蚀雕），这便是他留下的著名的八十五帧《战争的灾难》。

戈雅像

《哥耶画册》总共选了其中的四十六幅，叶灵凤对这些画作做了详细而生动的解读，字里行间充满了对于

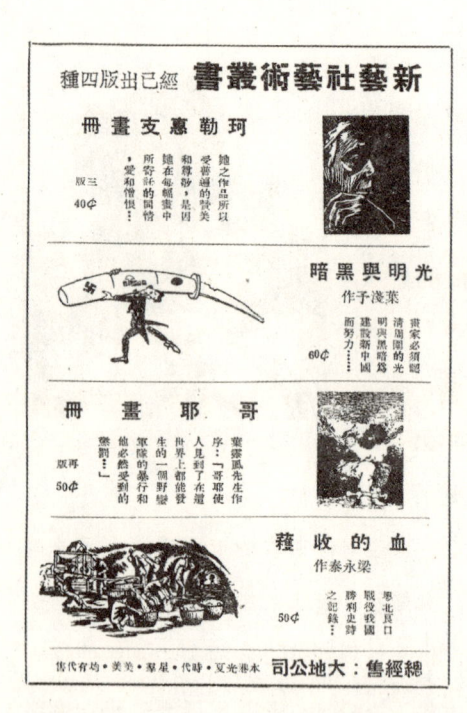

《笔谈》半月刊刊出的「新艺社艺术丛书」广告

残酷战争的愤怒，对于野蛮军队暴行的谴责，对于"他必然受到的惩罚"的坚信不疑。当下，中国也面临着异族的侵略和蹂躏，叶灵凤也不幸流亡到被另一个异族掠去的香港，想必跟一百多年前的哥耶有着非常相近的心境。在短时间内，他连续选编出版这两本别具深意的画册，正是以一位艺术家的绵薄之力，参与到抗战救亡的实际行动当中。捧读这两本画册，默念那两篇滚烫的序文，很难相信两年之后他会摇身一变，成为投向侵略者怀抱的落水文人。

《哥耶画册》的开本跟《凯绥·珂勒惠支画册》大致相当，只不过是二十开本的横版，青灰色的封面，右上角是中文的书名和西文的GOYA，下面则是一幅贴画，黑白两色印着哥耶那幅"囚禁和犯罪一样野蛮"。纸张质量虽说一般，但图版还算得上清晰。在封三版权页的左上角，打出了"新艺社丛书第一种：凯绥·珂勒惠支画册"的广告，这再一次引发我对新艺社的好奇。

说起新艺社，是很有几分神秘色彩的。即使是藏书大家姜德明先生，尽管也曾予以关注，但也没有找到更多资料。在他的《书坊归来》一书中，有一篇《新艺社和"新艺社丛书"》，文章说：

> 许志浩编著的《中国美术社团漫录》一九三九年部分，介绍本年由叶浅予、张光宇、余所亚等在

香港发起组织了香港漫画协会。这是重要的史实，但，遗漏了同时由叶浅予、叶灵凤等组织的美术社团新艺社，以及由新艺社编辑出版的"新艺社丛书"。新艺社的活动，主要在一九三九年到一九四〇年间，可惜因资料缺乏，我也只能介绍一下他们出版的几本"新艺社丛书"。

我倒是在黄蒙田《在香港出版的两本珂勒惠支画集》（一九八一年十月八日香港《大公报·大公园》）一文中找到一些线索，文章有这样一段话：

> 抗战前后，许多作家和画家从上海撤退到香港，特别是广州不战而退以后。此时上海已成了"孤岛"，内地制版材料和纸张紧张，这里的供应还不成问题。一些画家想在美术出版方面做点工作。一个叫作"新艺社"的同人出版社便是这样成立的。这自然不是一个正规的出版社，由几个同人在微薄的收入中拿出一部分来作为投资，出版一些有意义的画集。

他们没有编辑费或稿费，出钱之外还要出力。新艺社的主干是叶灵凤，第一本画集是《凯绥·珂勒惠支画册》。这本画集现在恐怕很难找得到，记得是二十开本枣红色粉画纸封面，另贴珂勒惠支自刻像，设计得很大方，即便现

黄蒙田《新美术讲话》书影

在看来还是如此。画集的编选主要是叶灵凤的劳动，书前作为代序的介绍文章也是出自他的手笔。

黄蒙田是香港那段生活的亲历者，又是美术圈中人，他的话应该权威。作为当事人的叶灵凤，在《重读〈耕耘〉》一文中也曾提到过这两本画册，但没有提到"新艺社"，反而提到"耕耘社"："后来我们又用耕耘社

《耕耘》杂志页面

的名义，出版了果耶的版画集《战争的灾难》和珂勒惠支的画集。""耕耘社"是香港的一班南来文人和画家为出版《耕耘》杂志而成立的，动议是在一九三九年底，经过四个多月的筹备，于一九四〇年四月出版了第一期。叶灵凤亦是"耕耘社"的发起人和骨干之一，为这本"文学与绘画的孪生儿"出力不小，在仅有的两期杂志上，分别发表了《木刻论辑》和《现代木刻五家（附作品五帧）》。编辑人郁风在《曾经有过这样一本杂志：耕耘》一文中回忆说："我们并没有编辑部，也无需常开会，大家准备自己写或画，定时交稿。……文字由叶灵凤、徐迟负责看稿，后来我也分着看。画稿由我和浅予、光宇、正宇、丁聪一起看过，选出确定交我发稿。"但郁风在该文中并未提到新艺社，也没有提到耕耘社出版过"新艺社丛书"。

查看《哥耶画册》的版权页，确实有"耕耘社发行"的字样，但在"哥耶画册"书名之下却印着"新艺社丛书第二种"，下边还有"新艺社通讯处：香港邮箱一五五八号"；更重要的是，封面也赫然印着"新艺社出版"五个黑体字。可见，"新艺社"与"耕耘社"是并存的。至于为什么叶灵凤的回忆文章说成"用耕耘社的名义"出版，有可能是记忆有误，也有可能是，两个社其实是一套人马、两块牌子。总之，新艺社和耕耘社一样，即使存在过，也不过是一个松散的、临时的同人组织。刊物不出了，书不印了，也就完成了使命。

梁永泰像

《血的收获》，血的记忆

除《凯绥·珂勒惠支画册》和《哥耶画册》之外，"新艺社丛书"还出过两种，分别是叶浅予的《光明与黑暗》和梁永泰的《血的收获》。这有茅盾主编的《笔谈》半月刊第三期刊登的整幅广告为证，广告的标题是"新艺社艺术丛书经已出版四种"。也或许，正是因为有叶浅予这本书，坊间才有叶浅予、叶灵凤合办新艺社的说法。姜德明的《新艺社和"新艺社丛书"》一文，只提到了《血的收获》，并没有提及《光明与黑暗》。文章说：

> "新艺社丛书"第三种是梁永泰的木刻画集《血的收获》，一九四〇年十二月出版。全书共收入木刻三十六幅，其中彩色套印木刻四幅。这是画家深

入前线，参加良口战役后完成的一组连环木刻。据钟敬文先生在序中介绍："良口战役，是继承去年底粤北大捷而获得的一个胜利。……它阻止了顽敌扩大华南伪组织的企图，打碎了顽敌贯通粤汉线的妄想……"另有叶灵凤的一篇序《新的长成》，他认为年轻的木刻家梁永泰在艺术上的长成，是在战争的现实中所孕育的成果。

叶灵凤的序文《新的长成》，也曾发表在一九四〇年十二月八日香港《大公报》。文章谈到了他与梁永泰的相识和相交：

> 第一次见到他和他的作品，是一九三八年春天在广州。那时我在救亡日报，他在一个军事机关服务。年岁很轻，是一位典型的努力于抗战宣传工作的艺术青年。当时所见到的他的木刻，在构图上是受着木刻大师丢勒的影响的。但因为丢勒的作品介绍到中国来并不多，所谓影响，也不过是对于偶

然被介绍过来的《启示录》之一的《四骑士》的模仿而已……但他简练明朗的画面已经引起了我的注意。……广州的失陷使我和他分了手。两年随军工作的锻炼,实生活的体验和工作经验上的积累,使我这一回和他再见之下,不能不有"刮目相看"之感。

早在这之前,叶灵凤就曾在《随笔三则·木刻》中写到过梁永泰:

> 《大地》画报上有一帧梁永泰先生的木刻,梁先生我是在广州认识的,是一位很年轻的木刻家。他的战争木刻有着德国十六世纪大师丢勒的影响,我还答应将丢勒的版画全集带给他看。对于所有从事这艺术的年轻人,我都愿引为是自己的朋友,引为这是中国唯一的未被玷污过的新的艺术。

由这最后一句,我倒猛然悟出:叶灵凤之所以创立"新艺社",就是要推广版画这一"新的艺术",《凯

《铁的动脉》组画之一《火车出事了》

绥·珂勒惠支画册》如此,《哥耶画册》如此,《血的收获》也是如此。如果条件允许,相信叶灵凤会持续将这份工作进行下去,因为他已经搜集了数量可观的年轻的木刻家的作品。还是在《随笔三则·木刻》中,他写道:"为了要纪念在这伟大的时代里,年轻的木刻家所跋涉的辛艰的旅程,我搜集着抗战以来的木刻作品,差不多快三百帧了,这是一个可贵的伟大的收获。这些木刻都藏在广州我卧室的几双抽斗里。这一次,随着我的衣物,一同沦陷在敌人的手里了。这是梦寐难忘的一件损失。"

梁永泰自己的作品同样没有逃脱战争带来的厄运,彭捷在《从前有人走过的路——追记梁永泰先生的艺术人生》一文中说:

> 这年(指一九四三年)梁永泰倾力完成反映粤汉铁路生活的组画三十多张,集题为《铁的动脉》,并亲自将这套组画的木刻原版送到江西省赣南市某印刷厂准备付印,不幸日军攻陷该市,全套木板遗失在战乱中,而未印成书。隔年他将已拓印出的《铁的动脉》组画连同《血的动脉》组画、及一些速写、粉彩画共七、八十张作品,在韶关市文化馆举办了一次个人展览会。

叶灵凤（后左二）与梁永泰（前右一）、黄蒙田（后左一）等

　　彭捷自称："文中有关梁永泰本人的生活和艺术创作史实及细节，主要来自于梁永泰夫人老慕端女士及其家属子女的提供的帮助。……其他有待搜集整理的的史料因分散各处，时间仓促而未能及时引证，非常遗憾。"遗憾之一，就是将梁永泰的第一本版画集《血的收获》

误作《血的动脉》；并且，文中还将出版机构"新艺社"误作"香港良友出版社"。这也难怪，毕竟这本书"经战火动乱，现所存无几"，就连家属都不一定有存了。但经手出版并作序的叶灵凤写于当年的文字不会有错，更何况还有当年的图书广告，白纸黑字犹在那里。同时，梁永泰和叶灵凤共同的朋友黄茅以"草堂"笔名发表在一九五六年十一月二十四日香港《文汇报》的《悼版画家梁永泰》，也佐证了书名应为《血的收获》，文章说：

> 在抗战中期和末期，恐怕是永泰木刻创作最旺的时期，这时候的作品收在两本木刻集里：《血的收获——粤北良口之役木刻画集》

《星岛周报》封面

和《铁的动脉》，后者是他在粤汉铁路流动工作时以铁路生活为题材创作的木刻，也是他在一九五二年以前的木刻创作中最好的作品。

《血的收获》出版的时候，梁永泰人在香港，参与全国木刻和漫协香港分会组织的救亡宣传活动，那时他还不到二十岁。后来，转战粤北和重庆，从事新兴版画运动，画艺和名气逐步提高。侵华日军投降后，他从重庆返广州，一家大小移居香港。一九四六年，他和黄新波、张光宇、特伟、黄茅、陆无涯等人共同发起成立人间画会。叶灵凤虽然没有参加这个美术组织，但与其关系颇为密切，曾经为画会组织的"六人画展"撰文鼓吹。更为巧合的是，叶灵凤还与梁永泰成了同事。梁永泰经人介绍到星岛日报担任美术编辑，而叶灵凤则是星岛日报副刊《星座》的主编。一九五一年，"星系"创办《星岛周报》，叶灵凤和梁永泰同时出现在十二位编辑委员名单之中。这一来，更是并肩工作了。《星岛周报》主编刘以鬯在《记叶灵凤》一文中回忆说："《星岛周报》

叶灵凤与星岛同人等合影。坐者自右起唐碧川、胡春冰、俞振飞、陈梦因、李伯言、叶灵凤，席地者江陵、贾讷夫、柳存仁。

每期附有画刊，由梁永泰编辑；其中不少珍贵图片都由叶灵凤提供，并加说明。"共同的爱好，亦师亦友的关系，使得叶灵凤成了梁永泰唯一信赖之人。叶灵凤在《星岛周报》并不开心，因为同僚多属右派阵营，只有梁永泰让他感到亲近。

但在一九五二年岁稍，这个唯一的堪称知己的同事

梁永泰版画《从前没有人到过的地方》

也要走了,他要奔向年轻的新中国。这一举动一点也不突兀,一九四九年,为了庆祝新中国成立,他曾与廖冰兄、阳太阳、张正宇、关山月、杨秋人、陆无涯等数十名在港画家,连续奋战十多天,赶绘出巨幅毛泽东画像,题为《中国人民站起来了》。赶快回到新中国去,必定是他的不二选择。叶灵凤这一时段的日记,记录了梁永泰辞职前后的经过。十月三十一日记载:"报馆领薪水,顺道至哈里斯书店为梁永泰购书,因他最近拟辞职赴内地。购木雕作法一册赠之。"十一月六日记载:"下午陪梁永泰去买书,在哈里斯书店买了弥盖朗基罗等画集大大小小十余册,约二百元。这是他预备带回内地去的。"十一月十三日又说:"同事梁永泰决定返内地,但他不拟向报馆说明,只是推说因病告假。昨晚已经不来办事了。但他嘱我守秘密,因此不曾向任何人说明。"十一月十五日,已是梁永泰离港之后了,日记说:"报馆将梁永泰走后留下的工作都交给我暂代,平添许多事务,今晚至二时始返。"十一月十五日又说:"梁永泰的事,报馆已经传闻得很热闹。报馆曾派人到他家去看过。据说已搬家多天了。今天下午到报馆编排《星岛周报》的说明,这都是他剩下的工作。"一九五三年一月二十二日:"上午赴报馆编星期画报,自梁永泰赴广州后,已代此项工作颇久。甚费时费力,最近想向他们推辞不干了。"

梁永泰返回内地后,迫不及待地"深入生活、深入群众",创作出《小渔港》、《从前没有人到过的地方》等版画作品,产生非常大的影响。不幸的是,他也正是在一次海岛写生中踏上了不归路,时间是一九五六年十一月十五日,地点是外伶仃岛。广东省美协保存的原始调查材料档案是这样叙述事情经过的:

> 梁永泰、柯华两同志为了参加解放军建军三十周年(解放万山群岛史画)创作,搜集材料到外伶仃岛去,柯华是海军政治部的创作干部,曾去过各岛,因此他们一起去,并经海军政治部文化部介绍他们前往。十一月十五日抵达伶仃岛时,由该岛驻军部队的负责同志某营招待歇宿一夜,次日他们出外写生,下午继续再写,并且行出第四连范围之外,

《海岛速写》——梁永泰在海岛写生时最后的遗作

到达第六连范围。由于第六连并未获得通知，当时他俩在滩头附近靠近山坳写生，被第六连的战士发现，由一老战士率领四名新兵提枪前往，喝令他们举手，当时梁已举手，柯由于自己是部队军官（当时未穿军服），又是陪梁来的，并未举手，并声明自己是自己人，且从袋中掏出军籍证明，抛给战士。就在此时，老战士并没有看证件，用冲锋枪扫射，打倒柯华，新兵听到枪声，惊慌扣动扳机向梁射击。柯华头中两枪，立即死亡，梁受重伤，发觉后送医院救治，延至十一月十七日伤重身亡。

梁永泰生于一九二一年，小叶灵凤十六岁，死时年仅三十六岁。遗下年迈的老母亲、年轻的妻子及三子二女，最小的女儿尚在腹中。叶灵凤一九六六年六月十九日日记有这样的记载："梁宁——梁永泰子 美院中学毕业"，应该是上一年赴广州参观美展时，特意去看望了故人的遗属。

《未死的兵》谈屑

有一本书必须提到,虽然它不是叶灵凤的著作,却与叶灵凤关系密切,这就是夏衍翻译的日本作家石川达三的《未死的兵》。说与叶灵凤关系密切,首先是因为,叶灵凤具体负责了这个译本的出版和装帧。透露这消息的是诗人林林,他当年和夏衍、叶灵凤一样,都是广州时期救亡日报社同人。他在收入《八八流金》的《叶灵凤印象》一文中这样说:

> 上海沦陷后南京跟着沦陷,日军在南京进行大屠杀,有个叫石川达三的日本作家,写了日本士兵在南京的暴行,他已感到自己是快要死的,写了《未死的兵》这本书。那时我们在广州与香港保持联系,

一九三八年前后的广州街市

日本出版了什么东西,想些办法是能够搞到的。夏衍把《未死的兵》翻译出来,出版工作由叶灵凤负责。他对封面设计、校对等都很仔细认真,此书在南方出版社出版后影响很大,利用日本人自己对战争的揭露提高大家的认识,很有说服力。

说起石川达三,很多人可能有些陌生,但他的《金环蚀》知道的人就比较多了。日本侵华战争爆发的时候,石川达三还是个三十出头的文坛新锐,刚刚获得日本文学界颇负盛名的"芥川奖"。一九三七年十二月，他作为《中央公论》的特派员随侵华日军来到中国，用十一天时间写出一部十二万字的小说《未死的兵》。日本政府的本意是要创作一批美化侵略战争的作品，但石川达三却用写实的笔法和暗淡的心境，无情地暴露了战争的残酷和日军的兽行，其中对于高岛师团西泽连队进攻南京的描写，更是成为南京大屠杀的血的记录。这样的一部作品当然会引起日本法西斯的恐怖，当局不仅在发行当天就将其封杀，还把石川达三送进了监狱。但是，仍然有一些印好的书流传出来，一个在美国的日本人将它翻译成了英文，在中国，也出现了三个中文译本，其中一个正是出自夏衍之手。

夏衍的译本于一九三八年七月由南方出版社初版，版权页上标明由救亡日报总

石川达三像

《未死的兵》初版封面

经售，地址是广州长寿东路五十号，南方出版社名下并无地址；又念及夏衍在《懒寻旧梦录》中曾说救亡日报社设有出版部，因此我就大胆猜想，南方出版社便是救亡日报社自己所办。这个猜想很快就被证实，在《救亡日报的风雨岁月》一书中，恰有一篇王仿子的《漫忆南方出版社》，文章说："南方出版社一九三八年创办于广州。名义上是一个出版社，实际只是救亡日报社出版书与杂志的一个工作部门。"王仿子虽然是在桂林期间加入救亡日报，但他在文中也提到广州时期初版的《未死的兵》："南方出版社出版的第一本书是日本作家石川达三著、夏衍翻译，记载南京大屠杀事实的《未死的兵》，在广州初版，在桂林印到第四版。"

叶灵凤在救亡日报的上海时期，倒是在出版部工作过，南方出版社在广州成立后，是否从事这方面工作，尚未见到记载。不过，夏衍对他在出版和装帧方面的才能是非常了解的，将这本书交给他打理，也是顺理成章的事情。叶灵凤也不负夏衍的信赖，在装帧设计方面还是颇用了一番心思。封面采用了一幅日本军人把盏饮宴的新闻照片，与小说的写实风格十分协调；"未死的兵"四个粗黑的老宋字，也颇有几分沉郁的气息。难能可贵的是，即使是在战时，在细节上也毫不含糊，插入了多幅炭笔绘制的插图。插图的作者是画家郁风，用她自己的说法，"我也是其中一名为'救报'画漫画插图的记者"，虽然还是一个二十多岁的小姑娘，但她的画功并不显得稚嫩。

《未死的兵》第四版封面

自一九三八年七月二十四日起，救亡日报连续在中缝刊登南方出版社和《未死的兵》的广告。这部由日本人"自揭家丑"的小说，适逢其时，一纸风行。我收藏的一本，已是一九四〇年的第四版。这一版刊行于桂林，因为救亡日报在广州沦陷之后迁到此地复刊。由于叶灵凤没有随报社同行，而是滞留在了香港，所以，这个版本应该是由别人重新设计的封面。书名是红色字体，右下方是一幅日本士兵抱枪蜷坐的黑白木刻。由于年代久远，又是土纸印制，木刻的细节以及作者的签名已经难以分辨。与初版相比，这一版除了保留日本进步作家鹿地亘的《序》，还新增了夏衍的一篇《后记》。不知是不是因为原书难找，这篇《后记》并没有收进《夏衍书话》，但我觉得，这倒是一篇名副其实的书话，因为它记录了《未死的兵》出版前后的有趣的掌故。原文篇幅不长，不妨抄录于此：

后　记

翻译《未死的兵》，是在前年广州大轰炸的时候,这是一本用比较严肃的态度,描写中日战争现实与日本士兵心理的作品,所以在日本国内国外,都相当引起了"问题",中国,也就有了三种不同的译本,在广州出版之后,一月内销完了初版,再版在十月初出售,印了三千,因为广州紧急,印好了的书无法寄出,因之直等十月二十一日上午我们退出广州,还有两千多本整整齐齐地剩在长寿东路的楼下,在当时觉得有点惋惜,但是后来想,敌人进来之后也许拿出作参考用吧,那么也好,作为我们对他们的赠品,在他们反省这次战争本质之点,也许有点好处。

现在,又在桂林印了三版,时日已经隔得很久,对于这本书,也许许多人已经遗忘,被描写的对象,因为是初期作战的日本士兵,所以必然的也和现下的实情有了一些间隔,我们相信,现在日本士兵的心,一定比这书里所描写的还要暗淡,但是当我们想到现在日本国内,连写这样一本怯弱的书的自由也已经没有,那么读一读这一本书,同样的也还是

郁风画《未死的兵》插图

可"供参考"。

四〇,六,二十三。夏衍

由于戎马倥偬,夏衍自己手边也没有了这书。新中国成立之后他奉命进京,阿英将旧书摊上淘来的一册送给了他。后来,夏衍还有见到石川达三本人的机会,见面时的对话也是非常有趣。这事见于夏衍的《致读者——日译本〈夏衍自传〉之二》:

> 五十年代中,石川达三访问中国,我在一次酒会上遇到他。谈起了这事,他皱着眉头说:"就是你们翻译了这本书,害我坐了班房。"其实,这是他的误会,因为《未死的兵》在广州出版于一九三八年七月,这时候他已经"预审终结了",有鹿地亘同年五月间写的序言可证:"作家石川达三最近预审终结,大概已经送进监牢去了。"

叶灵凤虽然没有提起过《未死的兵》,但或许,《未死的兵》的翻译出版,给了他一些启发。就在广州期间,他发表过一篇《我想尽的责任》,谈的是"在抗战期中,我想写些什么;尤其在这第三期抗战期中,我想写些什么?"他说:"这问题,不用旁人向我提出,我正是随时自己在反问着自己的。""作为一个中国的知识分子,我们该尽量使得每一个写下的字都是一种力量,都是对于敌人的打击。"在他想写的文字中,就包括翻译:"我还想运用我的贫弱的外国语知识,将反映我们英勇的抗战以及反侵略的国外文艺作品,随时翻译一点过来。"这计划随后就实施了,不过翻译的并不是日本作品,毕竟《未死的兵》不可多得;他将目光投向的是法国作家巴比塞、苏联作家巴甫连柯,他们同样以反战文学蜚声文坛。特别是巴比塞,他被国际作家协会颂扬为"在全世界文学作家中的第一位、也是最伟大的一位反对帝国主义战争的战士"。他的小说《火线下》,与《未死的兵》有着异曲同工之妙,都是以淋漓尽致的笔触,暴露了帝国主义战争的残酷和非正义。

火线下的《火线下》

我曾不惜银两购藏一本大时代书局一九四一年二月二版的A.托尔斯泰的《粮食——保卫沙里津》（蒋学模译），只因这本书的封底印有"大时代书局文艺名著译丛"的图书广告。广告所列书目共六种，打头的是叶灵凤翻译的拍夫郎诃著《红翼东飞》，压轴的一本是巴比塞著《火线下》，也是叶灵凤翻译。

《红翼东飞》有幸找来了，《火线下》却一直不见踪影，这本书究竟出版了吗？狐疑几天之后，忽然想起叶灵凤《吞旃随笔》中有一篇正叫《火线下的〈火线下〉》，赶紧找出来重读一番。文章讲，一九四一年香港战事爆发时，他仓皇逃到跑马地防空洞里躲避了十几日，等回到西区的家，却发现凡是有字的东西都被邻居出于好意烧掉了,这其中就包括"花了一年心血才译了一半的巴比塞的《火线下》的原稿"。这对我来说无疑是个欣喜的发现,但对叶灵凤来讲,"这个意外损失可有点惊人了!"我清楚地记得,他曾翻译过克里浦·鲍台尔的《不能忘记的损失——一些原稿遗失的故事》,劈头第一句话是:"失去一部书的原稿,有些像失去一个孩子一般。"叶灵凤真的失去过一个女儿,为此他有好几年连日记都懒得去写。面对原稿遗失,他的心情应该非常相似。

《粮食——保卫沙里津》封面

想到开始翻译《火线下》时曾向书局预支过五百元法币的稿费,后来法币和港币的汇率愈差愈远，便提不起精神动笔，老板屡次来信催稿，始终是懒懒的应着，现在率性连既成的这一半原稿也烧掉了，万一将来有机会再见到那位书店老板时，也许那时像"中日事变"之类这么重大的问题早已获得圆满和平的解决了，而我这问题却反而不容易解决；一想到这情形，我不觉暂时忘去了眼前的一切，对着窗外覆着长长的野草的山沟，茫然起来了。

这篇文章发表在日军占领之下的香港，有些话自然不便说得太明朗。揣测起来，那位"屡次来信催稿"的老板，很可能是孙寒冰。孙寒冰是上海南汇人，曾留学哈佛大学，归国后担任复旦大学教务长和法学院院长，并创办了黎

《粮食——保卫沙里津》封底

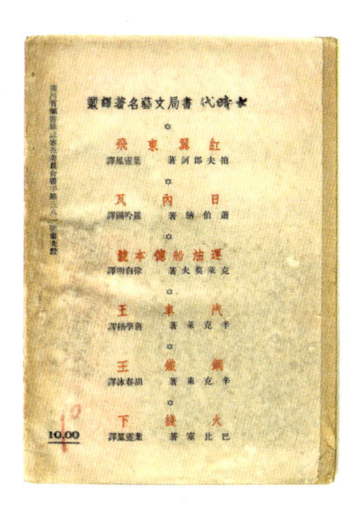

明书局和《文摘》杂志。抗战吃紧，书局奄奄一息，刊物难以为继，孙寒冰无奈之下接受了孔祥熙公子孔令侃十万港元的投资，成立了大时代书局，自己担任总编辑，孔令侃的私人秘书许性初（又名许立德）担任总经理，另外任命他在黎明书局的旧部蒋学楷与冯和法分别担任编辑和经理。冯和法在《回忆大时代书局》一文中说，一九三九年秋天，他接到孙寒冰从香港拍来的一份英文电报，叫他立刻赶过去。"我到了香港，见到孙寒冰和蒋学楷。他们已经把大时代书局办起来，正将出版第一本书。该书局在九龙尖沙咀码头附近乐道租了一套公寓房子。"乐道是很短的一条街，老字号的辰衡书店现在还开在那里，我去逛过多次，不曾想到战前这条街上还有过一个大时代书局。

叶灵凤跟大时代书局结缘，兴许是通过端木蕻良和萧红，他们俩在重庆的时候，孙寒冰也随复旦大学迁来北碚的黄桷树镇，在工作和生活上没少给他们关照。一九四〇年一月端木和萧红从重庆到香港，主要因为孙寒冰邀请他们帮忙编辑"大时代文艺丛书"。刘以鬯

《端木蕻良在香港的文学活动》一文说：端木和萧红初到香港，住在九龙金巴利道诺士佛台三号孙寒冰处，距离大时代书局所在的乐道不远。后来，孙寒冰知道乐道八号二楼有空房，就建议端木和萧红租住那地方。一九四〇年一月三十日，叶灵凤主编的《立报·言林》曾发布消息："端木蕻良、萧红，日昨由内地来港，暂寓九龙某处。"据说，叶灵凤和戴望舒与端木和萧红时有往还，那个时期认识了孙寒冰并承他约稿，也是很有可能的事情。不过冯和法在《回忆大时代书局》一文中另有一个说法：除了蒋学楷负责香港约稿出版，还安排黎明书局原编辑敖方肇驻在上海，专门向留在上海的作家约稿。冯和法说，敖方肇约到了很多书稿，当中就提到了叶灵凤那本

戴望舒《灾难的岁月》书影

孙寒冰创办的《文摘》杂志

《红翼东飞》，这样说来，远在上海的敖方肇"舍近求远"与叶灵凤接洽，也不是没有可能。

孙寒冰的思想是非常进步的，他主持的文摘社和黎明书局，早在一九三七年就出版了斯诺采录的《毛泽东自传》。尽管接受孔令侃出资创办大时代书局颇有几分无奈，也遭到一些非议，但他出版家的风骨是不变的，他认为："判断一个出版机构的进步还是反动，资金来源是次要的，主要的在于出版什么性质的书。"冯和法说："总的说来，正如孙寒冰所希望，大时代书局出版的一些书在当时出版界万马齐暗的时期还是起到一定作用的。"从目力所及的书目来看，与"二战"相关的政经时事读物是其出版特色，同时也不乏高品质的文学作品，莎士比亚的《维纳斯与亚当尼》

就是其中一种，此外还有萧红的《马伯乐》与端木蕻良的《江南风景》。手边的这本《粮食——保卫沙里津》，不仅是阿·托尔斯泰的一本名著，更记录了大时代书局的一个重大事件，且看书名页背面黑框里边的如下文字：

谨以
此书译献
孙寒冰先生之灵
他献毕生精力掖进青年
本书是他生前指定
译介读书界的

蒋学模在《译者序》中进一步说明："翻译本书的动机，最初出于孙寒冰先生。译者自一月间开始翻译，到现在才全书译竣，其间整整花了半年工夫，而孙寒冰先生却已在敌机的狂炸下与世永别，不能目睹本书的出版，这是译者最感伤痛的事情。"原来，在大时代书局开张之后，孙寒冰离开香港，又回到重庆北碚他的复旦大学，筹建文摘出版社。一九四〇年五月二十七日，日机轰炸重庆时，他与另外六名师生一起不幸罹难。循着这个线索，我又找来叶灵凤一九四〇年六月一日发表在《立报·言林》的《悼孙寒冰先生》，确证叶灵凤不仅与孙寒冰是旧相识，而且第一时间得到了他的噩耗。根据叶灵凤的透露，孙寒冰早在三年之前就从日机轰炸之下侥幸捡过一条命，那时，他和孙寒冰同在广州。

三年前的五月间，正是日机开始疯狂地轰炸广州市的时候。有一次在市内相当稠密的住宅区投了一颗炸弹，被炸中的是广州市内少见的一排上海式的巷堂房屋；我那时正在救亡日报社，从电话中知道了日机投弹的地点，心里不禁一沉，因为在那巷堂里正住着以前在上海时就相识的汤德明先生和来粤不久的孙寒冰先生，接着便知道了被炸中的正是他们所住的一宅，我知道一定要有不幸的消息了。果然，从匆匆赶来的黄慎之先生的口中，知道汤先生和另一位朋友的太太不幸遇了难。孙先生则因往

日军轰炸香港

中大授课得以幸免。据说他在那一天本不预备去上课的（那时广州各大学已无形中停课），只是为了不想旷课，特地去看看。结果遭难的只有他所住的亭子间。

叶灵凤说："当时朋友们曾在可伦布餐室庆祝他的幸运"，那时怎么都不可能想到，"事隔三年，在日机

叶灵凤和戴望舒（右一）摄于萧红墓前

更残暴的以我文化机关为目标的暴行中，孙先生终于遭了难"。"我不是想说定命论一类的废话，我是想借这个不幸的消息为大家指出，孙先生终于为他的职责牺牲在日本军阀的手下，正证明了这一次的抗战无分前方和后方，更不仅是某个人或某一党派的责任。这一次抗战是全民族的抗战，谁都该为民族尽他自己的责任，谁都该有为国家准备牺牲自己的决心。""怎样抚慰孙先生的家属，是朋友们私人间的责任；怎样为孙先生以及抗战以来直接或间接牺牲在日阀手下的文化战士复仇，则是我们全体文化界的责任。面对着侵略者的暴行和卖国贼的丑行，我们要加紧团结，□□□□！"

孙寒冰离世之后，一系列不幸事件接踵而至。一九四一年十二月，日军攻陷香港，大时代经理冯和法搭第一艘疏散难民船"海刚丸"逃离香港，编辑蒋学楷在战争中被日寇所杀，大时代书局留在香港的存书和纸型亦全部丧失。一九四二年一月二十二日，萧红病死于圣士提反女校临时搭建的救护站，端木蕻良将她草草埋葬在浅水湾丽都花园海滨之后，乘坐日本客轮"白银丸"离开香港北上。滞留香港的叶灵凤和戴望舒先后被日军囚禁，度过了三年零八个月灾难的岁月。一九四二年十一月十日，他们曾"走六小时寂寞的长途"，到萧红墓畔凭吊，在她头边"放一束山茶花"。《时代批评》主编周鲸文对病中的萧红颇有接济，当他听到萧红病死的消息后，"有些气愤，动了感情"："萧红的病初时并不严重，不致到不起的地步。首先是主持病的人误了

女作家蕭紅女士骨灰運返廣州

我國著名女作家蕭紅,一九四二年因肺病死於香港,葬骨於淺水灣十五個年頭。八月三日,香港文藝界人士六十餘人,舉行了一個簡單的送別儀式,隨後,由「香港文藝界遷葬蕭紅女士骨灰籌委員會」人員將骨灰經深圳轉運至廣州安葬。

①廣州作家協會派到香港來迎接蕭紅骨灰的代表,作家黃谷柳(右第三人),向港二人鞠躬時人獻花。
②安放蕭紅骨灰的靈車從紅磡永到亭發引,前往火葬塲。
③香港文藝界蕭紅女士骨灰送別會全體合照。

一九五七年八月三日,叶灵凤代表香港文艺界人士将萧红骨灰护送到深圳

寂寞灘頭十五年
——記蕭紅骨灰遷送離港始末

寂寞灘頭的蕭紅墓　攝於1942年

蕭紅像（版畫）　李流丹作

一九四二年十一月的某一天，由於一位日本朋友的通融，我同戴望舒先生進入當時已經淪陷的淺水灣，在荒涼寂寞的墓頭，第一次拜謁了蕭紅的墓。蕭紅是在一九四二年一月二十二日去世，二十四日火葬後，就埋葬在淺水灣附近的當時已經被日寇劃為禁地的安墓時期已經有半年之久，由於在當時的淺水灣是脫離她的安墓時期已經水灣是脫離她的安墓時期已經在日海濱有一道潔白的沙灘，有一個小圓圈內，有由亂石堆砌成的另一個小墓形成的大圓圈內，有由亂石堆成，在一道洋灰築成的大圓墓形成的另一個小墓"蕭紅之墓"四個大字，當時新由戴望舒手書，旁邊還親自從墳場的花圃內折來幾支鮮花，又獲得一些帶來的鶴幾，不到十五年後竟成了令人唏噓的材料了。

今年春天，為了蕭紅墓已經被轉移到令人難以忍受的地步，朋友們奔走相告，廟諜那樣對別一個恨恨認為我是現時留在香港曾在十五年前見過舊蕭紅墓原狀的唯一的一個人，

儘量通我對這個題目，一個公開的報告，建議是今年三月我在本港中英學會為這個問題所作的那一次公開演講的由來。當時印象深刻，除了一本「生與死」以外，其他作品連一本「魯迅書簡」中所印蕭紅給魯迅的信之外，就全憑這十五年前那本「蕭紅小傳」中抄得的那兩張照片，我特地將這張照片用幻燈照映放大了，又將合日已經變成紀念性的淺水灣墓地也搭了一起，將這三張照片一起，在成都，在灣墓，以及蕭紅的紀念照片，構成了一些簡單的控訴。這些照片所得的效果，一定是想不到會獲得如此強烈了。但是當這個演講放完了的時候，多人的情緒，大家一致要求將蕭紅墓遷到香港一個適當的地方，當場中英學會會代表們接納大家的要求，在理事會上正式提出請案，負起保存蕭紅墓的責任。

經過廣州市政府市政局的協助，得到廣東省華僑事務委員會主諾的遷送蕭紅骨灰，說是顧能遷送廣州市工作，但可能是非常順和，根本不致的延誤區間題得到了。今年七月十日知，禮地段的所有人忽然要在墓地

—— 20 ——

叶灵凤悼念萧红的文章

089

巴比塞像

事。其次，是战争把萧红折磨死。"

在查找《悼孙寒冰先生》一文时，我注意到，叶灵凤翻译的《火线下》曾于一九四〇年二月二十二日至六月十七日，在他主编的《立报·言林》连载，持续了一百零三期。那么问题来了：这个连载是完整的译文吗？叶灵凤一九五六年八月发表在《文艺新潮》第一卷第四期的《法国文学的印象》给出了否定的回答。

　　有的作家使我尊敬，有的作家使我钦佩和羡慕，有的作家却使我喜欢。在现代法国作家中，罗曼罗兰和巴比塞，是最受我尊敬的两位。……读着巴比

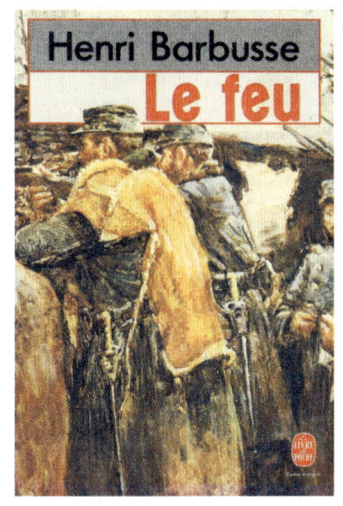

塞的《锁链》和《火线下》的心情也是如此。我曾经着手翻译过《火线下》，由于抗日战争，翻译工作受到妨碍，一部分的译稿也失散了。

对于《火线下》的文学地位，叶灵凤曾经多次给予充分肯定。发表于一九四五年二月四日《华侨日报·文艺周刊》的《战争和伟大的作品》就曾说：

《火线下》法文版书影

> 一般地说来，从第一次世界大战所产生的小说，至今还被人记忆着的，大约仅有两部。一部是雷马克的《西部前线平静无事》，一部是巴比塞的《火线下》。前者出版后风靡一时，曾经获得广大的读

者，差不多各种文字译本都有，甚至中国也有两种译本。后者则拥有一个较前者更大的声誉，但是它的读者却不多，而且不幸得很，因了政治上的愚昧，许多国家至今还禁止《火线下》的原本输入和译本的出版。

可惜的是，《火线下》至今还没有一部流传开来的好的中文译本。迄今为止，我只见过人民文学出版社一九五八年出版的一沙译本《火线》，初版印数不足万册，而且此后未见再版。以《火线下》的世界性影响计，拥有几种译本并不是一件奢侈的事。尤其是在战争进行的当年，倘若叶灵凤译本能够及时面世，更能发挥不可估量的作用。如此说来，别说叶灵凤，就是我们，也为他这部译作的不幸湮灭而惋惜不已。

《红翼东飞》与新俄之恋

《火线下》虽然不幸夭折，但叶灵凤翻译的苏联作家彼得·拍夫朗词的《红翼东飞》，却由大时代书局出版了。关于该书的出版时间，贾植芳、俞元桂主编的《中国现代文学总书目》有两条相互矛盾的说法：一曰"大时代书局一九四〇年三月初版"，一曰"重庆大时代书局一九四一年一月初版，一九四二年十一月再版"。这本书市面难找，我收藏的只是一册复制品，又恰好缺版权页，所以确切的时间一时难以查证。可以知道的是，《红翼东飞》最初曾连载于香港《立报·言林》，从一九三九年三月一日持续到十一月二十一日，凡二百三十五期；叶灵凤为《红翼东飞》所写的《译者题记》，落款也是在一九三九年十一月。所以，在此后

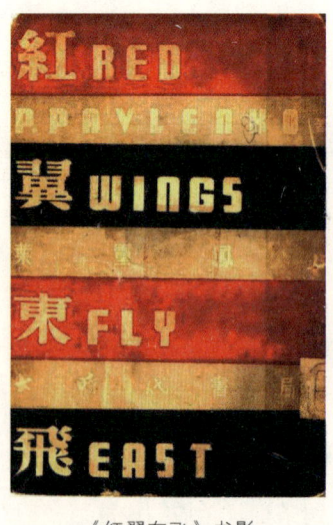

《红翼东飞》书影

的一九四〇年三月出版，并非不可能；虑及战时的种种不便，延至一九四一年一月付梓，也属合理。

叶灵凤之所以翻译《红翼东飞》，首先是在履行抗战期间一个文艺工作者应负的责任。一九三九年三月二十六日，他在《立报·言林》发表的《留港文艺工作者的责任：遥祝文协总会一周年纪念》一文中，透露出这一时期他的心迹："抗战是一座熔炉，他团结了一切的力量，他产生了新的力量。""我们便该一刻不要忘记我们的责任。遥对着祖国，留港的文艺工作者应该一面克服身边的困难，说服争取工作圈外的同伴，一面利用环境负起一个运输站的责任，将沦陷区民众的希望和世界的同情寄回祖国，再将祖国新生的气息传递到黑暗的区域和全世界。"翻译别国的反日反战文学,无疑就是在"负起一个运输站的责任"。

而选择翻译苏联小说,应该还有一层"衷曲",那就是叶灵凤的"新俄之恋"。可以不夸张地说,叶灵凤实在算得上新俄文学翻译的先驱。他在自己主编的《现代小说》第一卷,总共发表九篇译作,其中俄罗斯文学就占了五篇。一九二八年,他更在上海光华书局出版《新俄短篇小说集》。他自己曾经特别强调:"在年份上说,除了曹靖华先生的《烟袋》以外,竟是国内出版最早的第二本苏联短篇小说的中译本。"有趣的是,一九三〇年鲁迅为春潮书局筹编系统介绍苏联文学的《现代文艺丛书》,开列的书目中也有三卷沿用了《新俄短篇小说集》的书名,

《烟袋》书影

只可惜由于反动派的文网和出版方资金的窘迫，这三卷"同名的书"几经周折最终未能出版，否则，又会为叶鲁关系增添一条花絮。

叶灵凤并不懂俄文，他的翻译是从英文转译的，"草率"和"幼稚"固然难免，但在当时确实发挥了"填补空虚"的作用，也是不可否认的事实。叶灵凤在《〈新俄短篇小说集〉》一文中回忆说：

《新俄短篇小说集》书影

> 当时的我还是个二十二三岁的青年，不要说在外国语文上的修养不够，就是本国语文的运用也很幼稚，只是凭了一股热情，大胆地尝试了这工作，用来填补了当时出版界的这一类空虚，同时也暂时满足了我自己以及当时同我自己一样的许多文艺青

年对苏联文艺的饥渴。因为当时是不大有机会能读到苏联文艺作品的。就是我这本小小的短篇作品翻译集,出版后没有几年,也就被禁止了。

这样一本"禁书",自然不易找。叶灵凤自己的这本,则是在一九五七年的一次长途旅行中,"无意在一家旧书店里买得"。时间又过去了半个多世纪,坊间更是一册难求了。我收藏的一册,自然是复制品,但出版者不是光华书局,而是大光书局,版权页上的出版人是陈荇荪,出版时间则是"中华民国廿六年一月再版"。这是毫不奇怪的,因为光华书局一九三五年因欠债无力偿还被法院封门,申请人就是陈荇荪任经理的均益印刷所,光华书局的存书、纸型、版权被陈荇荪悉数收购,大多改由大光书局的名义发行。例如,列入《欧罗巴丛书》的叶灵凤的另一本译著《蒙地加罗》,就先后有光华和大光两个版本。但奇怪的是,这本大光版的《新俄短篇小说集》,却不是光华版的简单再版,其所包含的篇目完全不同。先来看叶灵凤对于光华版篇目的介绍:

《蒙地加罗》书影

《新俄短篇小说集》是一本三十二开，一百八十六面的小册子，其中一共包括了五位作家的作品：迦撒洵的《飞将军》，爱罗索夫的《领袖》，比涅克的《皮的短衫》，伊凡诺夫的《轨道上》，西孚宁娜的《犯法的人》。最后一篇占了一百页以上的篇幅，实际上是个中篇。

而大光版的《新俄短篇小说集》则只有四篇作品，分别是 Laddia Seifoulllina 的《两朋友》，Artiom Vessioly 的《海面掠夺》，Valentin Kataev 的《火》，Alexei Tolstei 的《浮华盗》。查贾植芳、俞元桂主编《中国现代文学总书目》，并没有著录大光书局的这个版本。

而在成绍宗名下，也有一本《新俄短篇小说集》，说明是："〔俄〕莱迪阿·雪妇丽娜等著，成绍宗译。上海支那书店一九三〇年三月初版。收入研新社丛书。"所列目次竟与前述大光版叶译本完全相同。究竟是张冠李戴，还是李冠张戴，真成了一个待解之谜。

周圣男在《异域文学与都市奇葩——叶灵凤翻译文学研究》一文中指出："革命主题的译作贯穿了叶灵凤的整个翻译生涯，尤其集中于一九二八——一九三〇年和一九三九——一九四一年这两个时段。"如果说第一时段的代表作品是《新俄短篇小说集》，第二时段的代表作品就是《红翼东飞》了。这两个时段，既有一脉相承，又有升华超越。如果说，第一时段他还是以一个文艺青年的身份，懵懂地拥抱十月革命后普罗文学的时代潮流；到了第二时段，则是以一个文艺战士的身份，承担起抗日救亡的时代担当。他之所以在抗战初期选择翻译《红翼东飞》，看重的就是它的"反日"，就像他在该书的《译者题记》中所说：

拍夫朗诃并不是仅以描写异乡景物为能事的风土作家。在他写给辛克莱的回信上说:"《赤金》的主题必然将是反日的。直到今天,西伯利亚和远东,决不会忘记在我们与白党和国外干涉者斗争的日子,日本军阀在其中所表现的恶行和残暴。"

　　为了不会忘记,拍夫朗诃便写下了这部《红翼东飞》。

关于《红翼东飞》的故事情节,叶灵凤在《译者题记》中也有概述:"这是一部掺合了史料和想象的小说。描写苏联怎样经营西伯利亚和远东,由荒漠的林莽地带怎样变成了新的城市,由不设防的荒野怎样出现了钢铁的炮垒线。敌人的间谍忙碌起来了。敌人着慌了,便先发制人,突然进攻苏联的边境,而且袭击海参崴,要摧毁苏联远东空军根据地。但红军运用着巧妙的战略,从空中,从海上,从地下,不仅歼灭了进攻的敌人,而且红翼的空军还飞到敌人的心脏——东京,加以无情的摧毁。"仅仅描写苏联红军对于日军的打击,已经足以发挥激励作用了,更何况,"东三省的中国义勇军和游击队,在书中也占着重要的地位,无疑的,这是事实,在驱逐远东侵略者的战争上,中国民众早已在执行着这历史的任务。"所以,叶灵凤深知并且清晰地说出了这部小说的现实意义:"而在今日,在抗战的现阶段中读起来,分外地使我们感到兴趣,因为书中一部分的想象,已经由我们加以实现,而且超越了他理想的范围。"

巴甫连柯像

拍夫朗诃,通译巴甫连柯,一八九九年生于高加索一个铁路员工家庭。他参加过红军,做过几年党务工作,"国内战争的炮火,紧张的党和苏维埃政府的工作,锻炼了这位未来作家的性格,使他积累起了生活经验。"别里索夫在《巴甫连柯的创作道路》一书里说,巴甫连柯最初是为报纸撰稿,随后逐渐成长为一个社会主义现实主义的作家的。在高尔基的指导下，他认识到：他的作品愈是真实、尖锐地反映了当前的迫切问题，他所创造的艺术形象也就愈加丰富多彩，形象鲜明。"在这方面，巴甫连柯新的大型作品——一九三六年写就的长篇小说《在东方》（即《红翼东飞》）便是令人信服的例证。"小说出版后，《真理报》破例刊载了几个篇章，还发表了两篇专门论述它的文章。高尔基在给巴甫连柯的信里说："《在东方》奠定了真正国防文学的基础。"同时，国际进步舆论也接受了巴甫连柯和他的小说。法国作家罗曼·罗兰称赞它是"对未来的征服"。保加利亚最优秀的作家柳德米拉·斯陶雅诺夫则说：巴甫连柯的长篇小说"对于广大读者"是很重要的，"他

叶灵凤像

们在当前的情况下需要这种富有朝气的、勇敢的书籍"。

叶灵凤无疑是中国作家中拥抱巴甫连柯的第一人,他的《红翼东飞》不仅是第一部中文译本,而且迄今为止还是唯一的一部。这部"主题先行"的"奉命之作",也许并不十分符合他的艺术标准,因为他曾在《战争和伟大的作品》一文中对什么是伟大的战争文学表达过他的观点:"在战争期间所产生的战争文学,唯一的缺憾是时常会被过度的爱国主义和仇敌观念所渲染,以致暂行价值减低了它可能的永久价值。"在他心目中,伟大的战争文学,必是"足以记录人类这次惨痛教训的"伟大作品,"而从战争中蒙受灾祸最甚的民族将有产生最深刻作品的最大可能。"宁愿抛开自己的唯美主义倾向,而奋笔翻译这样一部作品,委实是在大时代面前对于"小我"的勇敢舍弃。不禁让人想起他在《留港文艺工作者的责任》中说的那句话:"抗战是一座熔炉,他团结了一切的力量,他产生了新的力量。"

正在阅读的叶灵凤

《读书随笔》版本考

生活·读书·新知三联书店一九八八年推出三卷本叶灵凤《读书随笔》，四方惊艳，风靡一时，叶灵凤也由此被海内外读书界公认为现代书话大家。这个版本，是由他的生前好友罗孚编选的，既收入叶灵凤生前出版的几种书话单行本，也选编了不少散见于香港报章的书话文字。在《读书随笔》、《文艺随笔》、《北窗读书录》和《晚晴杂记》这几个单行本中，唯独《读书随笔》不是在香港出版，也唯独它引发了一些有关出版时间的不同说法。

争执的源头出自三联书店三卷本第一集卷首的书影，说明文字是："读书随笔 上海杂志公司出版 一九三六年·上海。"这个说法得到一些附和，比较

张静庐像

有代表性的是冯亦代。他曾写过一篇长文,表达阅读三联版《读书随笔》之后的莫大愉快,其中说:"《读书随笔》曾于一九三六年由上海杂志公司出版。我记得我曾购到一册。"冯亦代年轻时就喜买创造社著述,战时又曾在香港借居三年,与叶灵凤颇有交集,他既然都"曾购到一册",不能不让人相信。所以沿袭此说的文字就层出不穷,比如,方宽烈的《叶灵凤年谱简编》、袁勇麟的《"为书籍的一生"》等。

但冯亦代只是说"记得",并没有拿出一九三六年版的实物。陈子善为此查了好几种图书总书目,得出的结论是:"目前各方所见到的原版《读书随笔》都是同一种版本,都是一九四六年三月出版的。"而他本人所亲见的那本,版权页上也注明:"中华民国三十五年三月复兴一版。"这个版本我也买来了,可以证明陈子善"此言不虚"，并且，那个封面也与三联书店所谓"一九三六年版"的书影完全相同。问题可能就出在"复兴一版"这几个字，让有些人望文生义，以为既然有"复兴一版"，当然会有"复兴"之前的版本。这就有必要考索一番出版单位上海杂志公司的历史。

上海杂志公司的创办人是张静庐，这是一位资深出版家，且与叶灵凤有着持久的交谊。他的出版生涯是从泰东图书局起步的，这个书局以"创造社的摇篮"而名垂青史。虽然叶灵凤没能赶上这个完整的"摇篮"期，但也蹭了一段"末班车"，应该就在这时认识了张静庐。而他从事的创造社的第一份工作——协助周全平编辑《洪水》半月刊，就与张静庐密

《在出版界二十年》书影

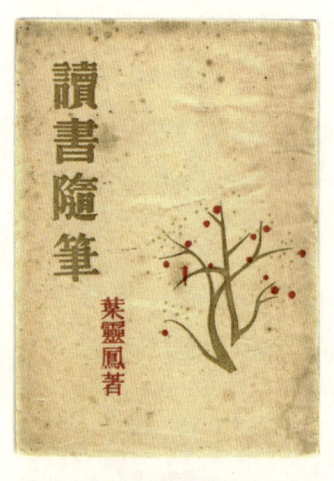

上海杂志公司版《读书随笔》

不可分了，原来那时张静庐和泰东同事沈松泉（以及沈松泉的朋友卢芳）一起，自立门户开办了光华书局，创立之初主打的就是那份"有特殊风味的刊物"《洪水》。以后创造社虽然成立了自己的出版部，叶灵凤他们也成了"出版部小伙计"，但与光华书局的关系却非常密切。张静庐在他的回忆录《在出版界二十年》中对此曾有详细叙述。

"小伙计"们在大集团——创造社出版部——之外，另有小组织，叫"幻洲社"。以灵凤全平为主编，委托光华书局替他们印行幻洲社小丛书，一式的三十六开本，毛边而横排，经灵凤的设计，装帧格式都非常美丽。这"小组织"的收入，是供给小伙计们自己的费用，和出版部无关。

除幻洲社丛书外，另由灵凤汉年合编一种《幻洲》半月刊，四十开的袖珍本，在中国人向来喜欢"大"的特性下，看到它是会有一种娇小玲珑的美感。

光华书局虽然是个小书局，但却是第一家以文艺书为主打的书店。叶灵凤的不少早期著作都是由光华出版，同时，光华书局的许多出版物都是由他设计，从而使光华打上了鲜明的叶灵凤的烙印。但张静庐似乎生性好动，不久又跟发了一笔小财的同乡洪雪帆以及卢芳一起，创办了另一家现代书局，叶灵凤又成了它的编辑部主任，甚至可能是唯一的编辑。他主编的《现代小说》、《现代文艺》也是由现代书局出版。

《洪水》封面

《戈壁》封面

但后来张静庐被洪雪帆排挤出去，现代书局也随着洪雪帆的早逝"由瘦弱而至死亡"。不服输的张静庐又创造了一个奇迹——凭着仅有的二十元创办费，挂牌成立了上海杂志公司，这一天是一九三四年五月一日。甫一立足，他又邀请叶灵凤创办了《文艺画报》，他说："我也想从画报来转移读者的视线"，"要从而提高它的水准"，"灵凤主编《文艺画报》，就想负起这任务"。

没过几年，上海沦陷，叶灵凤随《救亡日报》去了广州，不久定居香港。张静庐也离开上海，绕道浙赣路到汉口创办上海杂志公司的总店。他这部《在出版界二十年》，正是写于一九三八年的汉口。在这部书中，并没有提到为叶灵凤出版《读书随笔》的事情。姜德明曾经写过一篇《关于"贝叶丛书"》，提到张静庐曾经计划出一套"贝叶丛书"，并在一九三五年十一月上海杂志公司出版的《书报展论》上刊出过第一辑的书目，当中包括叶灵凤的一本《书鱼闲话》，但据说"这个计划当然很好，可惜未能完成"。这本"胎死腹中"的《书鱼闲话》所收篇目应该跟《读书随笔》差不多，但略少，因为后者中的半数以上篇目也大抵作于那个时期。

此后，上海杂志公司总店又从汉口迁往重庆，一直到抗战胜利才迁回上海。一九四六年，张静庐还"有意拟来港组织杂志官司分店"，曾给叶灵凤写信讨论此事，但叶灵凤认为，"港方目前状况，实不宜于任何文化事业"。据叶灵凤一九四六年六月十五日日记说，张静庐"现

《幻洲》封面

在汉口"。而《读书随笔》"复兴一版"的出版时间则是该年的三月，版权页上同时开列了上海、汉口、昆明三处发行所，未见得就是在上海印行。总之，无论这个"复兴"指的是国难后国家的"复兴"，还是上海杂志公司的"复兴"，都有可能，唯独不可能是《读书随笔》旧版的"复兴"。陈子善也是这么认为的，他说："所谓一九四六年三月'复兴一版'，实际即初版，这与其他出版社，如商务印书馆的'国难后第一版'意味着'国难前'尚有真正的初版本是有所不同的。"

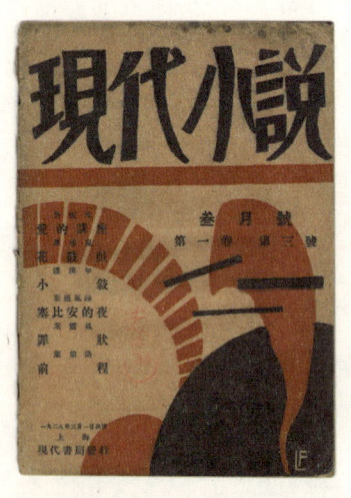

《现代小说》封面

陈子善还举出叶灵凤自己的一篇自述，说明"既然《读书随笔》书稿要到一九四一年底方始'整理完竣'，那就根本不存在此书在一九三六年就已出版的可能。"

叶灵凤那篇文章写于一九四二年七月二十日,题目是《火线下的〈火线下〉》,记述的是"住在西区的我,当香港战事爆发后,正如大多数的西区居民一样,立即仓皇从西区避难到东区"的情形。文中写道:

> 遗弃在西区的家,当炮火停止以后,万里长征似的从跑马地步行着回来一看,叨天之幸,房屋并没有中炮弹,物质上似乎并没有什么损失,可是仔细一检点,作为文人的我,所蒙受的意外损失可有点惊人了。
>
> 由于邻人的好意,我的架上的书籍《抗战大事记》也罢,丘吉尔的言论集《汗血眼泪》也罢,凡是有点那个的,都不翼而飞了。而打开抽斗

《现代文艺》封面

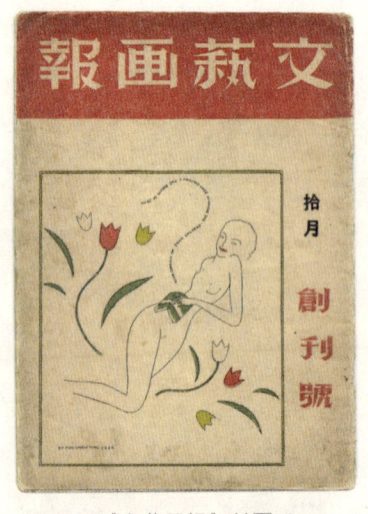

《文艺画报》封面

一看，从朋友往来的信件，以至个人的名片，未写完的原稿，总之，凡是有字的东西，几乎全都不见了。整理完竣的《读书随笔》原稿不见了，搁置了五年未能付印的《紫丁香》不见了，更使我吃惊的是，花了一年心血才译了一半的巴比塞的《火线下》的原稿，每一个抽斗都找遍，也杳无影踪了。

哪里去了呢？邻人笑嘻嘻地说，说是恐怕有人来查问时有点那个，有些给我烧了，有些来不及烧的都扔在后边山沟里了。

新近披露的《叶灵凤日记》，也毫无争议地证明

《读书随笔》的书稿是在一九三六年之后从香港寄往上海的，而且，叶灵凤本人也从来没有收到过一九四六年"复兴一版"之前的版本。一九四六年五月三日的日记是这样说的："昨日侣伦见告，书店有我的《读书随笔》出售。这是五年前交给上海杂志公司的旧稿。将校样从这里寄往上海时，不久就发生战争，这许多年总不知究竟出版了未。今天特地去买了一部，售价贵得吓人，打了八折还要八元港币。书后说是今年复兴第一版，不知是新出的，还是出了多年我未见到。书中本有插图，当时已将样子一同寄去，但现在并没有制入。"日记中所说的"五年前交给上海杂志公司"，照写作时间推算应该是一九四一年，很显然，交稿时间都在一九三六年之后五年，不可能有所谓的一九三六年版。至于日记里说，"将校样从这里寄往上海时，不久就发生战争"，应该指的是在一九四一年圣诞节香港沦陷前不久寄出。这样一来，陈子善说"抗战胜利后，《读书随笔》才由叶灵凤重新整理，交其好友张静庐所主持的曾经出版过《望舒诗稿》的上海杂志公司正式出版"，就值得重新斟酌。

此外，一九四一年张静庐和他的上海杂志公司已经迁出上海，为什么叶灵凤说是"寄往上海"呢？也许是当时在上海还设有分店或者经销所，这在同时期上海杂志公司出版物的版权页上是有过记载的。

总之，《读书随笔》作为叶灵凤第一本书话单行本，意义是不言自明的。我也很赞同陈子善所说的，"借用'读书随笔'作为全书的书名，确实是一个合适的选择"。这不仅是它的第一本书话集子，也是最能代表他此类文字的书名。我还要感慨的是，这样一本小书的出书过程，也深深打上了时代的烙印，甚至浸染着战争的风云。更有意义的是，这本书还将叶灵凤一生两个最重要的城市紧紧联系在一起。黄蒙田曾说："叶灵凤毕生生活的城市是两个洋场：三十年代中期以前的旧上海和这以后的香港。"在他诸多著作中，产出过程能够绵延这两个洋场的，《读书随笔》怕是唯一的一本。

《读书随笔》被删篇目

单行本《读书随笔》虽然被收进了三卷本《读书随笔》，但却不是足本，有四篇文章被删掉了，分别是《纪德的〈赝币犯〉》、《奥尼尔》、《鲁丧有感》和《白杨》。

《纪德的〈赝币犯〉》之被删去，猜想是为了避免重复，因为在同一集所收入的《文艺随笔》中，另有一篇《〈赝币犯〉和〈赝币犯日记〉》，但是对照读下来却发现，虽然话题有所重复，但内容却丝毫也不重复。其实，叶灵凤是很喜欢就一个话题、一本书、一个作家一写再写的，有的是不同时期的不同感悟，有的则属同一时期所写的带有一些连续性的文字，写报纸专栏文章最容易出现后一种情形。喜欢"写了又写"这一特点，小思也是捕捉到了的，并且深为理解："叶灵凤在几十年内,把自己喜欢的作家、书刊、画册等,写了又写,骤眼看来,重复的题材甚多,但细加核对后,发现篇篇都稍有不同。这些'稍有不同'的地方,正是他对某书,先后一读再读后,观念心情有所改变的表现。"

纪德像

编辑《读书随笔》,罗孚无疑是有功于读者的。但不能不说,在删减篇目这一点上,他是有失轻率的,被删去的这篇《纪德的〈赝币犯〉》,不仅不是可有可无,甚至是不可或缺的。叶灵凤在文章中称许的《赝币犯》"立体的综合性的手法"——"一切小说的形式:第一人称,第三人称,客观的描写,主观的叙述,日记,书信,对话,都先后在这书中被应用着"——就曾经被他拿来在《时代姑娘》等连载小说中实验,所以,这篇短文体现了他的重要的

《赝币犯》插图,选自河出书房版《世界文学全集》

《时代》杂志封面上的奥尼尔

小说艺术观，应当是研究他的小说创作的非常好的线索。

事实上，有不少研究者已经注意到纪德以及纪德的《赝币犯》对叶灵凤小说创作的深远影响。杨义在《叶灵凤和他的浪漫抒情小说》中指出："在小说形式上，叶灵凤是勇于探索、有所建树的作家。

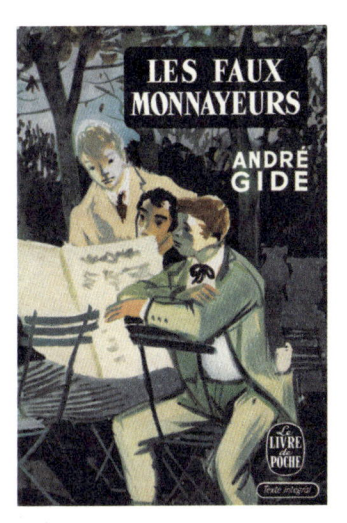

《赝币犯》法文版书影

他把萎靡思想、单调题材的镜片纸屑，装进灵活多姿的艺术形式万花筒之中，使之五彩纷呈，不仅篇与篇之间形式各异，而且一篇之内角度频换。他注意学习经典作家的名作……尤其对法国近代作家纪德在小说技巧上的大胆尝试，更是心向往之。"他还说："叶灵凤说《赝币犯》在形式方面'颇合我的私意'，并非虚言。他热心于尝试这种'立体的综合的'表现手法。"他举的例子就是叶灵凤的长篇连载小说《时代姑娘》，他认为："作者不断调换摄照生活的角度，变换展开故事情节的手法，笔墨轻倩、灵活、跳跃，确是当时报纸副刊通俗小说的一种尝试。"

《奥尼尔》这篇倒不存在重复问题，很可能是因为"有伤风化"没通过审核。但在叶灵凤介绍的世界名著中，比它"尺度"更大的也有没被删去的。所谓"有伤风化"，是叶灵凤自己提到的，那一段文字是关于奥尼尔《榆树下的欲望》的：

> 他的代表作该是《琼斯王》，但我却喜爱《榆树下的欲望》。这是描写一个年老的父亲新娶了继室，他的儿子为了这继母要分润他的家产，心中很不愉快。继母也有野心，她知道自己生了儿子之后便可以将家产从前妻之子手中夺来，但丈夫太年老了，也许没有生殖能力，便反过来诱惑前妻的儿子，两人竟互相恋爱，而且真有孕生了孩子。父亲不知道，很高兴，预备将家产给这新生的儿子，这时前

叶灵凤与罗孚

妻的儿子便向父亲忏悔,并说他爱上了继母,但父亲却说这是他后母的阴谋,并没有爱情,不过借以养儿子而已,因此这儿子又羞又愤。但继母早已弄假成真,真心爱上了这儿子。她说当初的动机也许是阴谋,但现在已真正的爱他,为了要证实自己的话起见,她便将新生的儿子杀了,结果二人一同入狱。

剧情显然有伤风化,所以在美国上演时很受攻击,但将情感和欲望敢写到这般强烈地步的,现代

黄新波木刻《鲁迅先生葬仪》

戏剧家中实只有奥尼尔一人有此魄力,有此才能,因此这剧本甚至被搬上了莫斯科的舞台。

虽然背过"有伤风化"的骂名,但尤金·奥尼尔显然没有被此骂倒。他不仅四次获得普利策奖,还于一九三六年获得诺贝尔文学奖,一九四六年更成为《时代》杂志封面人物。他的《榆树下的欲望》,前些年还被搬上了中国舞台。

相比之下,《白杨》倒是离"读书"稍远了一点。这篇文章,是从郭沫若写康德的一篇小说说起,描绘作者书房窗前的几棵白杨和远方的两棵双生银杏,虽然陈子善先生说它"文笔优美,寓意深刻",但我读来,总感到有几分无病呻吟的意思,倒很像他的少作《白叶杂记》那种味道;而且,标题是"白杨",写着写着却写到了"银杏",难免有些"离题"的意思。无论如何,即使比之其他篇目稍微弱些,也不差这么一篇,非要破坏这本书的完整性。

最后一篇《鲁丧有感》就有些敏感了。写于鲁迅丧礼之后不久,但主旨不是对鲁迅辞世的哀悼,不是对鲁迅功绩的颂扬,而是对那些"结了帮"的自命"鲁门总管"们"乱哄哄"的"办革命丧事"的针砭。他说:"真正的痛悼着鲁迅先生逝世的,只有他的家属和少数的知友,以及许多纯洁的渴望他的指导的青年读者。但这些人是被当作贳器店里的丧事仪仗一样的在行列里被利用了。"针对此文,陈子善曾经这样评论:

鲁迅生前不止一次"骂"过作者,此文恐难免失之偏颇之嫌。但作者指出"鲁迅是一位朴实的文人,是一个始终和黑暗势力搏斗的战士,'厌恶'躲在租界里的'高等革命家'",对鲁迅丧仪染上了'名流'甚或'大出丧'的意味"不以为然等等,仍不无见地和独到之处。

这观点我是完全赞同的,但同时觉得,在三联书店推出《读书随笔》那个年代,对鲁迅还是存在几分"神化"的,叶灵凤又还笼罩在几次被鲁迅骂以及"汉奸文人"的阴影里,在他初次隆重"亮相"的时候,删去此文更是对他的保护。等到人们慢慢地对叶灵凤有了一个全面了解,再读此文也就不会有什么"震惊"了。

陈子善先生认为,"这四篇遗文各有特色,值得一读,三联版《读书随笔》失收是可惜了。因此,当最近上海文汇出版社约我编选《叶灵凤别集》,在编入《读书随笔》时,我决定恢复初版本原貌,拾回这四篇遗文重新发表。"作为喜爱叶灵凤书话的朋友,我们当然赞成,但也发现一个问题:文汇出版社出版的"叶灵凤随笔合集"虽然"拾回"了那四篇遗文,但也难称"恢复初版本原貌",因为这四篇文章之外的其他文章也有整段删除的情况,而文汇版却沿用了三联书店的删节版,而非上海杂志公司的初版,比较典型的例子是《回忆幻洲及其他》。初版本中,此文共有七个自然段,而三联版和文汇版都只有六段,删去的最后一个自然段的内容是这样的:

> 执笔近十年了,先后编过的刊物固然不少,然而因了编刊物而得罪的人却更多。举目一望,济济跄跄的文坛上,被我得罪过的人确实不少,这不是事,我还是聪明一点,奉一个老头子为领袖,或是找几个"文艺青年"结一个小帮口罢。

这段文字,与那篇《鲁丧有感》是一个性质,当初删掉它,正是基于同样的考虑。但文汇版没有与初版本核对,就等于没有实现"恢复初版本原貌"的目的。

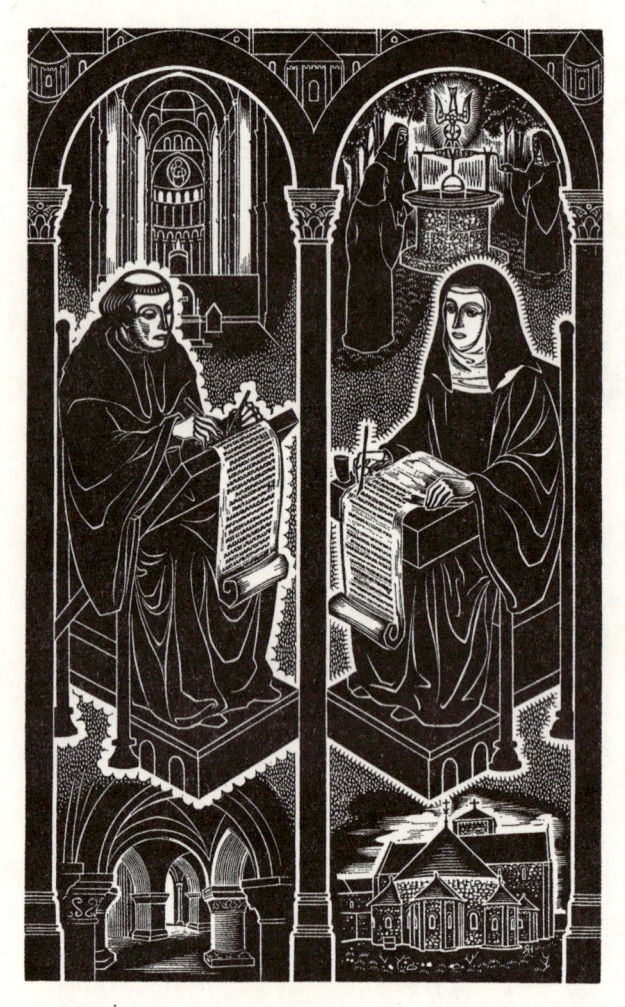

Abelard & Heloise 插图 (Raymond Hawthorn 画)

《阿柏拉与哀绿绮思的情书》

叶灵凤对于书信体的文学作品是情有独钟的。他最喜欢的几部作品差不多都是书信体，《塞耳彭自然史》就是其中之一。他在《插图本的〈塞耳彭自然史〉》里这样说："淮德用书信体写成的这本《塞耳彭自然史》，自初版在一七八九年出版以来，就受到读者的欢迎。时隔一百多年，到今天仍是英国一部古典作品畅销书。""不仅仍有无数的英国本国读者爱读这本书，就是外国读者喜爱这本书的也大有人在。而且多数是像我一样，觉得书中所写的正是我们所喜欢知道的，同时有时也是自己想写的。"他写《香港方物志》，就受到《塞耳彭自然史》很大影响，虽说不是书信体，但行文就跟写给友人的书简一样亲切自然。

《少年维特之烦恼》同样是书信体，同样是他的

《塞耳彭自然史》插图

最爱。他曾说:"西洋古典作家,令我发生特别浓厚感情的,乃是歌德。"产生这种感情的原因,就是"由于读了他的《少年维特之烦恼》"。他"非常憧憬维特所遇到的那种爱情,自己也以'青衣黄裤少年'自命"。有趣的是,创造社出版的郭

叶灵凤设计的
《少年维特之烦恼》封面

沫若译本,就是由叶灵凤重行改排装帧的,他说:"当时对于这部小说的排印工作,曾花费了不少时间和心血,从内容的格式,以至纸张和封面,还有插图,我都精心去选择,刻意要发挥这部小说的特色。封面的墨色特地选用青黄二色,并且画了一幅小小的饰画,象征维特的青衣黄裤。"他在《歌德和〈少年维特之烦恼〉》一文中特意强调了"书信体":"由于是书信体的,许多情

都德在书房里

节都要靠读者自己用想象力去加以贯穿,然而它的叙述却充满了情感,文字具有一种魅力。"

都德的《磨坊书简》,叶灵凤也是格外珍视。他在《座右书》中告诉读者:"我想放在手边的书,全不是那些我不知道、不曾读过的书,而是一些我已经知道、已经读过的书。不是吗?谁都希望能经常同自己在一起的、能在自己身边的,乃是那些最知己的朋友。"他所列举的"很有限"的几种可以作为"座右书"的，就包括了《磨坊书简》，他说："我又随手将都德的《磨坊书简》，果庚的《诺亚诺亚》，也放到了架上。因为它们都是我的伴侣。"《磨坊书简》"是一部谁读了都要喜欢的散文集"，它的魅力很大程度上可能就缘于采用了书信体。在《都德的〈磨坊书简〉》一文中，叶灵凤对此做了强调：

《磨坊书简》所描写的故事都是以法国南方普鲁望斯省的乡下景色为背景，这是都德的故乡。他设想在乡下买了一座已经废弃不用的用风力来磨粉的磨坊，自己住在里面，怀念着远在热闹巴黎的那些朋

《磨坊书简》英文版书影

高更：《有光环的自画像》

友，便写给他们，将自己在乡下的生活和遇见的人物，以及听来的故事告诉他们，文章全是用书信体写成的，所以题为《磨坊书简》。

他喜欢高更，也是因为他的信写得好。在《关于哥庚》里，他是这样说的："同他同时代的梵诃一样，这两位画家所遗留下来的信件，是理解他们作品和为人的最可靠的资料。哥庚的信写得最真实，也比梵诃写得更好，因为他本是写散文的能手，那一部《诺亚诺亚》，已经足够令他当得起是一位散文作家而无愧了。"除此之外，他还写过《画家的书翰和日记》、《纪伯伦与梅的情书》、《比亚斯莱书信集》等等许多与书信有关的文章，一再表达他对这种文体的偏好。他介绍过的谢隆科尔的《奥贝曼》和纪德的《赝币犯》,不是书信体就是在书中插入了书翰,而这正是他所爱的"结构和形式",不仅"读了再读",也在自己的小说创作中加以试验。他还透露过重译《磨坊书简》的心愿:

> 《磨坊书简》是我最爱读的外国散文集之一,我时常向朋友们推荐。这书在三十年前曾经有过一个中文译本,不过译得不很好,而且也早已绝版买不到了。有些朋友怂恿我再译一次,我也极想试试看。不过对着都德这样活泼生动而又充满了风趣的作品,实在没有勇气敢动手。

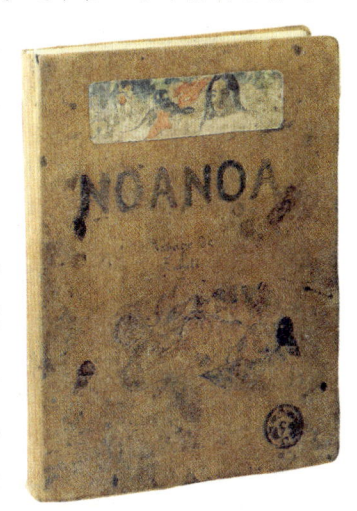

《诺亚诺亚》手稿封面

叶灵凤译《阿柏拉与哀绿绮思的情书》书影

虽说重译《磨坊书简》的心愿没有实现，但他却完成了一部法国著名情书的重译，并且将它出版了，这就是《阿柏拉与哀绿绮思的情书》。很早就听说过这本书，一直找不到，其间倒是先淘来了台湾九歌文库版的梁实秋译本。叶灵凤另外的几种港版书，尽管已经炒成天价，总还能寻到踪影，这一本则是踪迹全无，难识庐山真面目。就在完全不抱希望的时候，不料有一天它却在一家上海的网店神龙乍现，二话不说，赶紧下单。店家老大不情愿地说：要不是资金出了问题，这本书说什么也不可能出手。

是很漂亮的一本书，封面底色有些像合欢红，黑色手写体的书名贯通左侧，右上方是蓝黑两色男女主人公的立像，虽然手牵着手，却分别置身于不同的穹顶，正暗喻了两个恋人悲欢离合的传奇身世。出版方是香港上海书局，版权页上的出版时间是一九五六年六月，真正面世的时间可能已到一九五七年，因为这年六月出版的《文艺世纪》创刊号，封底刊发有《阿柏拉与哀绿绮思的情书》的广告。为了保存资料，也为了帮助了解这本

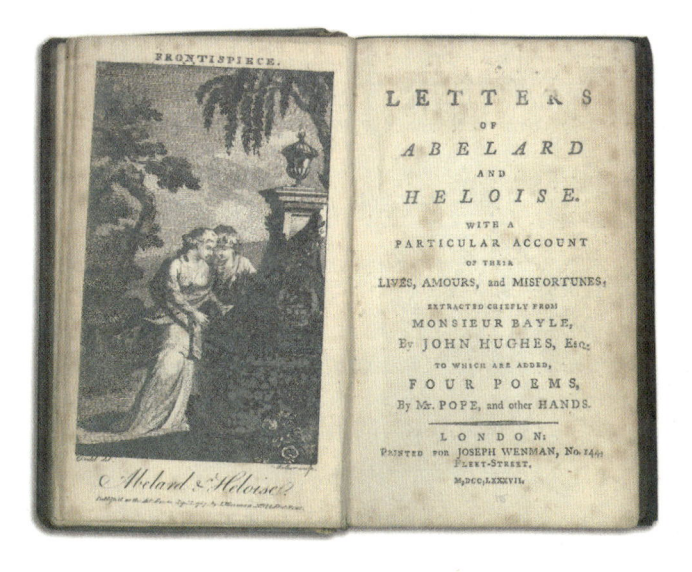

《阿柏拉与哀绿绮思的情书》一七八七年英文版扉页

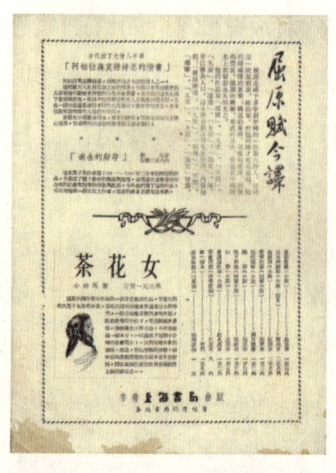

经典情书的内容，且把广告的全文抄在这里：

古代拉丁大情人手泽
《阿柏拉与哀绿绮思的情书》

《文艺世纪》创刊号封底广告

阿柏拉与哀绿绮思，向被诩为古今标类情人之一。这些被列入世界名著之林的情书，不仅以它所诉说的动人故事吸引着历来无数的少男少女读者，并且因为这里充满了智慧与哲理，所以不管你对它的主人公抱着何种见解，你也一样可从这里获得不同的人生启示。书中警句名言，多有为后世写情书的人乐于引用的。

原书在中国旧有译本，但早已绝版，现由叶灵凤先生精心重译，于香港报纸连载时曾受广大读者赞许。

究竟是在哪家报纸连载，出版过程又是如何？因为没有留下该年的日记，叶灵凤本人也没在别的场合提及，所以难以获得更多信息。不过在一九五六年五月稿费收入清单中，却有"上海书局一千九十二元（阿柏剌与哀绿绮斯）"的记载，可以知道这书的稿费并不低，也反映了出版方对于市场的信心。

关于"阿柏拉与哀绿绮思的这一段情史"，叶灵凤在《译者序言》中有一段简述："并非传说或小说，而是实有其事的真人真事。他们都是中世纪的法国人，阿柏拉并且是当时法国有名的哲学家之一，哀绿绮思是圣母院的一位教士的甥女。为了他所提倡的唯理主义的哲学教义，阿柏拉曾一再严厉的受到宗教迫害，被谴责为异端者，几乎性命不保。也正是为了这种礼教的阻挠，阿柏拉与哀绿绮思两人，虽然由师生成为恋人，并且有了孩子，但是终于无法正式结为夫妇，最后不得不以退为进，女的不嫁，男的不娶，各自遁入空门。"

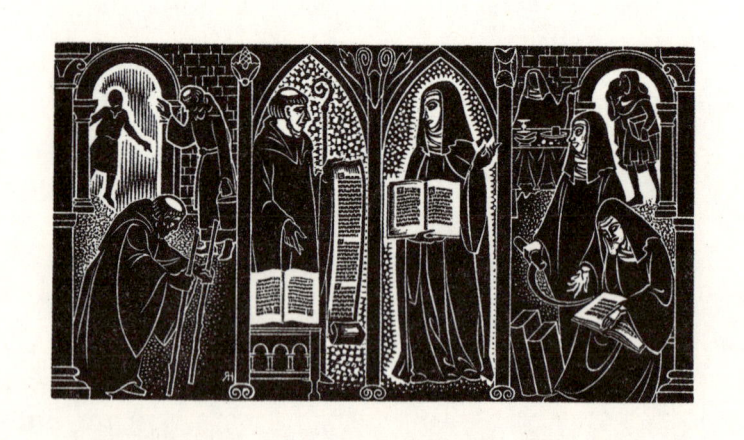

这本书既称"情书",当然是书信体。有趣的是,"情书"的形成,也是因为书信而引起。《译者序言》说:

在这修道院里,阿柏拉为了安慰一位朋友,写了一封长信给他,其中回忆到他自己和哀绿绮思的往事,并说他至今仍未能忘情。不料这封信辗转落到哀绿绮思的手里,她读了触动旧情,便抬笔写了一信给阿柏拉,想借此安慰他。这样一来一往,就产生了流传至今的在世界文学史上认为最深刻美丽

Abelard & Heloise 插图（Raymond Hawthorn 画）

的情书——阿柏拉与哀绿绮思的情书。

叶灵凤曾写过一篇《花蝴蝶的恋爱故事——祝英台梁山伯哀史的民间传说》，认为梁山伯祝英台的故事颇近于莎士比亚的罗密欧与朱丽叶的恋爱故事。这一次，他又说：阿柏拉与哀绿绮思的故事，"实在与我们的梁山伯与祝英台差不多"，"都是人们同情和拥护恋爱自由的幻想的最高表现"。传说，哀绿绮思临死时曾要求与阿柏拉合葬一处，但这要求未被准许，因为她那时已身为尼庵中的住持。一说这要求被照办了，甚至还有一个传说——当阿柏拉的坟墓被打开时，尽管他已死去二十多年，却依然面目如生，竟张开双臂来拥抱他的爱人。

因为一时间有了两位巨匠的不同译本，我倒乐得在两本书之间做一些比对。梁实秋翻译《阿柏拉与哀绿绮思的情书》，是早在民国十七年就已进行的，"那时候我在北平家里度暑假"，"我译这部情书本来不过是为练习，每天在太阳晒满多半个院子以前，坐在廊下随便译几页，顶多译五六页，没想到一个月后居然译完了。"叶灵凤着手翻译此书，则是在二十几年之后了。写于一九五四年八月的《译后小记》开头便说："阿柏拉与哀绿绮思的一段情史和他们两人之间的那几封情书的译文到今天总算全部译完毕了。"叶灵凤读书多，当年在上海不会没有见过梁实秋的译本，为什么还要重新再译，恐怕主要还是因为喜欢，他一直喜欢写哀情故事，当然也喜欢读，喜欢译，更何况，"阿柏拉和哀绿绮思，这两个人可说是自古至今最伟大的一对情人。"

《香港方物志》成书记

叶灵凤真正以香港人身份写香港的第一本书是《香港方物志》，由香港中华书局于一九五八年初版。定居香港的前十年，叶灵凤似乎一直抱有过客心态，"故乡今夜思千里，双鬓明朝又一年"，一九四七年旧历除夕写下的这一联语，毋宁是他内心的真实写照。一九四六年一月二日，他在日记中记下"计划中今后拟写的书"，依旧是"河山只在我梦萦"，长江、长城、黄河、泰山，才是他心中所念。他对香港本地史乘的关注，始见于一九四六年八月十一日的日记："报载香港边界因界石损坏，香港政府要求中国会同勘定边界，拟乘这机会写一篇关于九龙割让和租借的论文。"由此可知，他对于香港史地的研究，从一开始就如小思所说，是"把自

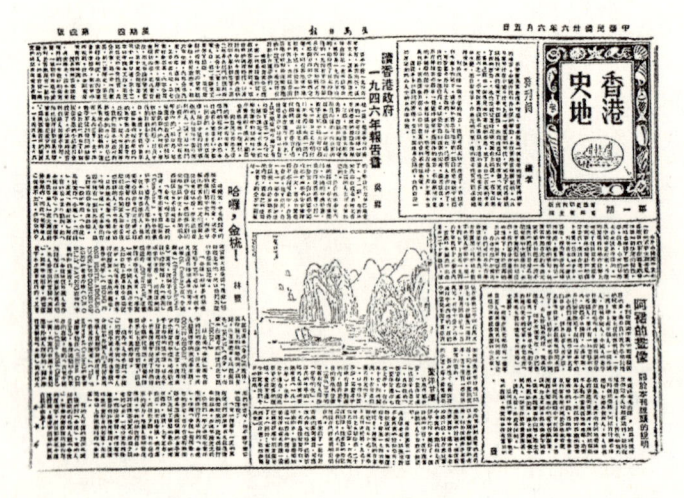

《香港史地》第一期版面

己生活所在——香港与祖国,作出了血缘不可分割的论断"。

真正的催化剂是一个新生的副刊。一九四七年五月二十八日,"颂芳约谈星岛事,议定编辑周刊一种,系关于香港者,定名《香港史地》。"颂芳即沈颂芳,当时是叶灵凤所供职的《星岛日报》总编辑。这个周刊于同年六月五日创刊,叶灵凤兴致勃勃地为它拟定版头,制作插图，并在《发刊词》里充满期待地说："香港在种种方面都是一个值得研究充满兴趣的地方，不论你所注意的是国际问题也好，中英关系也好，历史考古也好，甚至草木虫鱼也好，香港这地方都可以提供丰富的资料不使你失望。"不过他随即发现，从第一期开始，"文章都要自己写了"，因为一直到第六期出版，"外间来稿几乎一篇没有"，这在客观上促使叶灵凤投身相关研究，也印证了他在这一领域的拓荒者角色。

叶灵凤曾在《香港史地》刊出他整理的《西文香港史地书录解题》，这些文献无疑给了他诸多参考；那一时期，他还买到淮德的《塞耳彭自然史》，虽然他说"此书远不如其声誉，尤其对于外国读

叶灵凤文章中的《塞耳彭自然史》插图（奥特汉姆画）

者",但这本清新美丽的小书对于《香港方物志》的诞生,无疑产生了重要的启发作用。他专门写过一篇《淮德的〈塞耳彭自然史〉》,将它热情地介绍给读者:

> 《塞耳彭自然史》是用书信体写的,塞耳彭是伦敦西南五十里的一个小教区,作者淮德(Gilbert White)是当地的助理牧师。他爱好自然,喜欢观察生物动态。因了职务清闲和生活安定,他便利用自己的闲暇从事这种心爱的自然观察工作。他将自己观察所得,大至气候景物的变化,小至一只不常见的小鸟的歌声,一只蜗牛生活的情形,都详细的记下来,随时向远方的两位研究生物学的专家朋友通信,一面向他们报告自己的观察所得,一面向他们请教。

叶灵凤认为,"淮德的个性,他的文笔以及在生物学上的成就","这三者对于这本书都是同样重要的。缺少一样,《塞耳彭自然史》将是一部普通的散文集或自然史,早已被人遗忘了"。为什么两百年来它"继续不断的为男女老幼所爱读"?叶灵凤对此也有非常生动的剖析,这些方面实际也成为他日后写作《香港方物志》的密钥:

> 这件事情看来很神秘,但原因也很简单。第一,淮德不是有心要写这本书的;他写信的动机,完全是为了自己爱好,同时实在清闲,便将自己心爱的事情不厌琐碎地告诉远方另一些同好的朋友,因此这些信便写得那么亲切自然可爱。同时,他研究生物,观察自然,态度完全是业余的。他从不曾将那些鸟兽虫鱼当作死的,被生物学家分门别类的标本来研究;它将它们当作是自己的邻人,自己的朋友,或是偶然路过塞耳彭的一位过路客人(那是一只偶然飞过的候鸟)来观察,因此书中到处充满了亲切,同情和人情味,超越了时间和环境的限制,至今为人们所爱读。

香乐思像

对他产生更加直接影响的另一本重要著作，则是香乐思（Geoffrey Alton Craig Herklots）的《野外香港》（*H.K.Countryside*）。香乐思曾任香港大学生物学讲师，同时是一个自然爱好者，在这小岛上消磨了二十年岁月，平时留意观察，将耳闻目睹随手作成札记。日据时期，他被关到赤柱集中营整整三年零八个月，即使在羁留期间，仍然坚持观察鸟类动态，最终写成一部传世之作《香港的鸟》。叶灵凤是一九五一年一月十四日在别发书店见到香乐思的《野外香港》的，无疑深受触动，因为时隔三四天，他就在日记里立志"以'草木虫鱼'为题，写关于香港的小文"，并"着手搜集资料"。叶灵凤自己后来在《序新版〈香港方物志〉》中回顾：

自己当时为了尝试撰写这样以方物为题材的小品,曾经涉猎了不少有关这方面的书籍,从方志、笔记、游记,以至外人所写的有关香港草木虫鱼的著作,来充实自己在这方面的知识,在资料的引用和取舍方面都是有所根据,一点也不敢贸然下笔的。

叶灵凤所涉猎的书籍实在很杂,例如,一九五二年四月二十七日,他"买了一部廉价版的《无脊椎动物》,都是讲水中软体动物和昆虫的",他就从里面发现了

香乐思手绘《野外香港》插图

老版画里的太平山

写蜉蝣的内容——"他们的生命仅有一天,但自卵化为成虫要费一年至三年的时间",这些内容就用作了《香港方物志》里那篇《朝生暮死的蜉蝣》的素材。远在马来亚槟城的友人温梓川知他所好,也特意寄赠《马来亚半岛的鸟类》一册。其实,叶灵凤关注此类文献,往上还可以推到一九四五年。那年的二月一日,他就在《香港日报·香港艺文》发表过一篇《香港植物志》,详细译述了苏格兰人法卿氏的著作《中国北部诸省漫游三年纪》中有关香港植物分布状况的描写。

总之,经过一段时期的准备,叶灵凤于一九五一年五月二十五日,"开始以'草木虫鱼'为题,写香港的自然界短文"。第一篇是《香港的蝴蝶》,以叶林丰笔名发表在《星岛日报·星座》。正式在报纸开起专栏，则是在一九五三年，是应了刘芃如的邀请。叶氏在一九五二年十二月二十五日的日记中说："芃如约为《大公报》的副刊《大公园》写一有关香港草木虫鱼的连载。"次年一月二十一日的日记又说："自元旦起，开始在《大公报》的《大公园》写《太平山方物志》，记本港的鸟兽虫鱼和人情风俗，每天约一千字。"由报纸的影印件可知，作者署名"南村"，香乐思为《野外香港》手绘

叶灵凤父女与刘芃如

的插图，有不少也被拿来装饰了版面。对于叶灵凤与香乐思的关系，翻译过香氏这部不朽之作（译名为《野外香港岁时记》）的彭玉文曾说过这样的话：

> 香乐思写此书以欧美人士为读者，断想不到，最会欣赏此书，并把本书原著发扬光大的一位读者，是从上海南来的"新感觉"、"都市派"、"浪漫唯美"的作家叶灵凤。叶灵凤把《野外香港》很多内容都转化，以至节译在他的传世之作《香港方物志》中。《香港方物志》于一九五〇年代在香港初版，直到二〇一一年仍有新版，内地亦有多个版本，把西方自然文学的实证传统，作为营养，注入中国草木虫鱼小品，一改感慨多观察少，无病呻吟、缺乏生动真实的细节、堆砌概念之旧貌，使读者惊艳。

《香港方物志》出版考

叶灵凤日记自一九五四年至一九六二年这一段是中断没有的，此间《香港方物志》的出版经过就不好考索。目前见到的"香港一版"，出版日期是"一九五八年十一月"，出版者是"中华书局股份有限公司"，封面采灰绿色做底，白色美术字书名置于顶端，作者名下是一帧圆形木刻画，画的是港岛的太平山以及山下的维多利亚港湾。这本书首次采用了"叶林丰"的笔名，封面署"叶林丰著"，扉页署"叶林丰"，版权页则署"编者叶林丰"。内文繁体横排，卷首有作者作于"一九五六，七，十二，香港"的"前记"，全文如下：

这些短文，都是在一九五三年的一年间，陆陆

《香港方物志》初版书影

续续在香港大公报的副刊上发表的。这不是纯粹的科学小品文,也不是文艺散文。这是我的一种尝试,我将当地的鸟兽虫鱼和若干掌故风俗,运用着自己的一点贫弱的自然科学知识和民俗学知识,将它们与祖国方面和这有关的种种配合起来,这里面有科学也有传说,用散文随笔的形式写成了这样每篇千字左右的短文。

在报上发表时,读者的反应还不错,这才使我现在有勇气将它们加以整理,保存下来。

叶灵凤说"读者的反应还不错"是有根据的,香港学人区惠本就曾说:"这本书是用的文艺笔法,写科学小品,不时又指正传说的错误,迷信的害人,他写来轻松活泼，令人喜读，销路奇佳。"香港散文家和美术批评家黄蒙田说："不知道别人的看法怎样，我很喜欢这本集子里所写和香港自然风物有关的文章，……文章写得平易可亲而言之有物，就像对朋友娓娓而谈那样毫不做作。"香港资深报人罗孚说："《香港方物志》之能吸引人，不仅在于它告诉你许许多多香港自然界的丰富知识，也在于它提供了一篇又一篇可读性很高的美好的散文。"香港历史博物馆前总馆长丁新豹则说："叶林丰还有一本《香港方物志》，那是香港同类书籍的鼻祖了，其书涉猎花鸟虫鱼、飞禽走兽，以至风土习俗，充分反映了作者学识之广博庞杂。"

中华书局版《香港方物志》在一九六五年有过再版，但似乎并没有通知叶灵凤，也没有送样书，

新版《香港方物志》书影

柳木下《海天集》书影

一直到一九六七年三月十九日他才知道这事，这天的日记说："柳木下见告《香港方物志》已有了再版本，有便当到中华书局去买几册。"柳木下是很有特色的一位诗人，叶灵凤主编的《星岛日报·星座》为他编发过不少诗作，五十年代他也曾出版诗集《海天集》。但他一生穷困潦倒，一度还住过精神病院，写不出诗来的时候只好靠着贩书过活，平日没少向叶灵凤报告书市动态。叶灵凤买来了再版《香港方物志》，但显然对这一版不甚满意，因此就有了一九七三年的新版。

新版《香港方物志》改由香港上海书局出版，繁体竖排，封面是黄色，九龙沿海岛屿地图作了反白的暗纹，墨绿的底色上是反白的隶书体书名和作者名。书前增加二十四面铜版纸印的图片，除了班逊《香港植物志》书影，还有木刻家唐英伟所绘老鼠斑标本、英人测绘的第一幅香港地图，更有作者珍藏的清嘉庆《新安县志》相关图版。叶灵凤的忘年交区惠本曾在《叶灵凤与香港史地的研究》一文中对于这些插图的深意特别做了强调：

唐英伟所绘老鼠斑标本

唐英伟《中国现代木刻史》书影

由于他的癖好,叶老所藏有关香港书籍,特别丰富,其中有中文、英文,有葡文。他的最得意的藏书就是一部清朝嘉庆年间的《新安县志》。在近年新版的《香港方物志》中,第一幅插图就是清嘉庆《新安县志》所载九龙沿海岛屿地图,第二幅插图就是《新安县志》卷三《物产志》书影一页,以上并特别标出"作者藏"的字样,可见他对藏有这个海外孤本的欣悦之情,真是跃然纸上了。

叶灵凤在卷首的《序新版〈香港方物志〉》中,详细叙说了新旧版本之异同:

这本《香港方物志》，是在十多年前，在偶然的机会下写成的。从辑集成书到出版，这中间颇经过了一些周折，而且搁置了好几年，因此排印出版以后，若不是无意中从报上见到广告，作为作者的我，一直还不知道自己的书已经出版了。

十多年来，本书还不曾被人忘记，而且还继续有新的读者，这倒是作者深引以为自慰的，但他也明白这里面的原因，主要的乃是由于有关香港史地

《新安县志》中的香港地图

赵克像

知识的出版物，实在太缺乏了，尤其是关于方物的记载，在十多年前简直是一片空白，因此我的这本小书，就无可避免地填补了这空虚。……

可惜初版本书出版时，作者未曾有机会亲自校阅，本来应该附有若干插图的，也未及附入，这样倏忽之间已经过了十多年，自己一直引以为歉。这次改由上海书局出版，承他们给我改订的机会，将内容略作修正和删改，并增加了一些新的材料，以便能配合时代的进展，同时更按照原定计划，附入若干插图，使本书能以新的面目与读者相见。

此一序文的落款时间是一九七〇年新春，版权页上的再版时间却是一九七三年十一月，由此又可看出在香港出一本书之不易。事实上,再版《香港方物志》的动议早在一九六九年岁稍就已有了,那时节,他的《北窗读书录》刚由香港上海书局出版,又因眼疾停了在《成报》的小说连载,少了一份固定的收入,于是"拟整理旧稿为单行本,以此暂时来弥补",并且"托黄茅向上海书局询问可否每月整理单行本,交彼等出版,每月固定支稿费若干(约四百元)"。一九六九年十二月二十六日,叶灵凤在日记中写道:"约赵克及黄茅在陆海通饭店晚饭,以书目一份交赵。他阅后无甚异议,可以按每月交五万字左右取四百元计划进行,并谓第一次可先整理《香港方物志》。"上海书局是香港一家举足轻重的出版机构,赵克正是书局的总编辑。罗隼曾在《香港文化脚印二集》中详述这家书局在香港的落脚与壮大:

> 国共内战重燃,许多文化人避白色恐怖,纷纷南下香港,这时星洲上海书局两位老板派方志勇先生来香港请宋云彬先生为主编,网罗得著名作家、学者叶圣陶、孙起孟、吴研因、陈君葆……组织成

现代课本编辑委员会。编成国语、算术、常识、自然、公民、尺牍、地理、历史……连各科教学法百多册，于一九五〇年出版。由于这套小学课本是战后新编，又是海内外著名学人编审，内容新颖，适合时代进展，因此得到香港及海外侨校采用，一纸风行。香港上海书局也正式注册成立，资本十万大元，那时十万元可买千尺楼一幢。

发行课本赚了钱，便成立了杂书编辑部，由赵克兄主持，配合课本出版参考教材、儿童读物及杂书。在几年内人力由两三人增加到十几二十人。

上海书局答应将《香港方物志》再版，大大激发了叶灵凤的热情，连续多日都在为修订和插图的事忙碌。一九六九年十二月二十九日："购再版本《香港方物志》四册，将其中两册拆开供修改用，并拟配以插图若干。"一九七〇年一月三日："着手整理《香港方物志》，集中过去所写的有关香港自然的稿件，作为修改的根据，又拟定要用的插图项目。"一九七〇年一月二十六日："上午继续将《香港方物志》全部修改完竣。下午三时往上海书局唔赵克，交出稿件，取得稿费八百八十元。尚有插图容日内另交。"

至于新版修订的内容，细处我并未逐字比对，仅从篇目看，新版在《禾虫和禾虫瘾》之后，删掉

《香港方物志》再版扉页

了一篇《禾虫食谱和诗话》，但仔细检校初版的内文，发现此题只出现于目录当中，正文并没有，料想是将两篇内容并作了一篇，但目录却没有改正过来。新版我是一九九三年在纽约华埠冷摊得来，价钱并不比一本新书卖得贵。此后，北京三联书店出版过简体字版，香港则推出了好几种新的版本，二〇一七年，香港的中和出版有限公司和北京的商务印书馆相继推出开本豪华的彩图版和珍藏版，将《香港方物志》的装帧水准提高到了一

个新的高度。摩挲这些新的版本，我不禁想起香港民俗学家陈云说过的一句话："叶灵凤先生的《香港方物志》，年少一代未经其事，固然要看，年长、年老的一代，更加要看，此书趣味盎然。"《香港方物志》已经创造了在一代又一代读者之间代代相传的奇观。

为什么要讲《香江旧事》?

丝韦也即罗孚,不仅替叶灵凤选编了三卷本《读书随笔》,还在稍后又为他选编了三本香港掌故,分别是《香港的失落》、《香海浮沉录》和《香岛沧桑录》,时在一九八九年,出版方是中华书局(香港)有限公司。那是三本非常小巧可人的书,类似日本的"文库本"。一九九三年我负笈纽约的时候在唐人街书肆意外撞见,兴奋之情难以言表。丝韦还为这三本书写了一篇序,里边有这样一段话:

> 他曾经打算把写香港早年失落的那些文字合为一集,出版一本《英帝国主义侵占香港史话》或《英国侵占香港史话》,但这个心愿并未实现。现在得

偿所愿，已经是他去世十三四年以后的事。在他生前，只出过《张保仔的传说和真相》这一本。

这段话却是不太符合事实的。有关香港掌故的文字，叶灵凤生前并非"只出过《张保仔的传说和真相》这一本"，此外还有一本《香江旧事》，恰恰就是拟议中的"英国侵占香港史话"，只不过太难找见了。在纽约的时候，我就在哥伦比亚大学东亚图书馆的书目中检索到了，后来还到哥大的旧书库搜寻，可惜始终未曾得见真容。不仅是我，就是三联书店的老板范用，在编辑《读书随笔》期间也曾致信叶灵凤的女儿叶中敏，称："叶翁的作品（在香港出版的），此间大多已找到，惟缺《香江旧事》一书，能否赐寄一册？或请复印一份寄下，至盼！"叶中敏手边恐怕也不一定有此书，她为中华书局（香港）有限公司二〇一一年出版的"叶灵凤香港史系列"所写的《叶灵凤生平简介》，就没有在"生前主要著作"中列出这一种。我是在好多年后终于找到此书的，虽然花了不少钱，但也算了却了一桩多年的心愿。后来

九龙寨城附近的宋皇台

买到三卷本的《叶灵凤日记》，细细爬梳，也有幸解开了围绕本书出版的诸多谜团。

香港沦陷之前那几年，叶灵凤和大批南来文人一样，心心念念的只是"王师北定中原日"，香港只是作为一个临时据点而已。日本占领香港的三年零八个月，他用曲笔抒发的依旧是故国之思："燕子来了的时候，他自会将我们的消息带给海外的友人，带给远方的故国。"他对香港的感受是："虽然在这里过了六七个春天，我始终觉得自己仍是一个陌生人"。他之开始"融入香

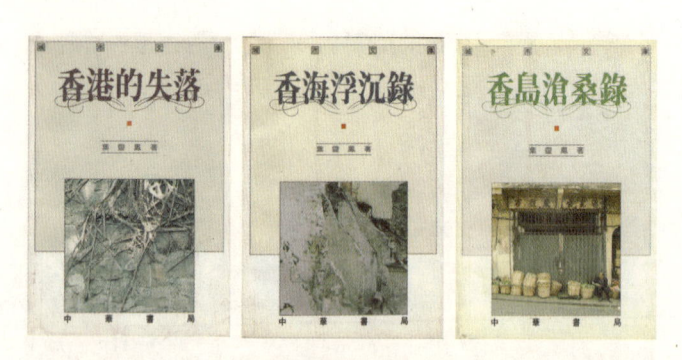

叶灵凤香港史地三书书影

港"，是在香港光复以后，就像黄蒙田所说："四十年代中期以后，灵凤兴趣的一部分转移到对于香港史地的研究——更确切地说是鸦片战争历史和以一八四一年二月二十六日为分界的前后的香港历史。"慕容羽军写过一篇《叶灵凤融入香港》，也是把香港史地研究作为他融入香港的标志。他是这样说的：

> 说到叶灵凤之"融入香港"，表现得最积极的，就是他把香港长期流传下来的传说，做了根源上的考证，矫正了传说的讹误，并且发扬了香港特点，

这一系列的工作，他做得十分认真而确实，他从英国人的著作拿来印证香港的传说，既纠正了港人以意为之谬误，亦根据实际情况，矫正了外国人未实

叶灵凤与区惠本

未尽的误解,可以说,他所作的努力,对香港文化,作了很实在的贡献。

叶灵凤有意识地进行香港史地研究,直接的契机是他在一九五一年应聘为《星岛日报》主编一个《香港史地》副刊,正如他自己所说:一直到第六期出版,"外间来稿几乎一篇没有",全要仰赖他自己捉刀。他大量地撰写此类文章,也不只是为了填充自己的版面,"领地"还拓展到了其他报章。区惠本在《叶灵凤与香港史地的研究》一文就说过:"叶灵凤研究香港史地,一向用'叶林丰'一名,在报纸发表文章,笔名更多,早年他在星岛日报'星座版',用'林丰'一名,长期撰写'香港拾零',又在'天天日报',用'秋郎'一名,发表'香海异乘',此外很多报刊谈香港方物风土的专栏,虽然用了种种的笔名,但明眼的读者,一看就知是叶老的作品。"

丝韦在《香港的失落·序》中,梳理得更为详细:

三十多年中，他在报刊上写了许多香港掌故的文字，用叶林丰的笔名写了《香港史话》、《新界史话》、《香海拾零》、《香海丛谈》、《香海旧闻》，用秋郎的笔名写了《香海异乘》，用香客的笔名写了《香海浮沉录》，用龙隐的笔名写了《香江温故录》，用南村的笔名写了《太平广记》、《太平山方物志》。最后一种虽说是方物志，却也有掌故文章。用霜崖的笔名写的《炉峰新语》，在一般的随笔中，也夹杂有不少写掌故的文字。总起来，恐怕是在百万言以上的。

这百万言以上的掌故文字涉猎极广，但他最为着力的，还是有关香港失落的史实。他在一九四五年八月十一日日记中的一条记事，非常强烈地释放了这一信号："报载香港边界因界石损坏，香港政府要求中国会同勘定边界，拟乘这机会写一篇关于九龙割让和租借的论文。"可以这么说，叶灵凤之关注香港史地，就是起始于"英国侵占香港史"这个专题。黄蒙田认为："当时用中国文字写的这方面著作几乎等于空白,如果说有站在中国人立场较为有系统地把这一时期的历史真实加以整理填补了这块空白的,是灵凤这方面的著作。"

可惜的是,"这方面的著作"一直散见于不同的报章,迟迟没有成为真正的"著作"。其实,将此类文章出版单行本,早在一九五三年即有出版社邀约,但叶灵凤不愿给他们,因为那是"自由"分子的出版机构。关于这事,叶灵凤一九五三年一月二十四日日记有记载:"晚间应邀去参加胡春冰的生日会。座中有徐訏等,多是'自由'分子,只好聊陪末座而已。他们要我将《香港史话》在大公书局出版,但我对这书局不感到兴趣。"胡春冰早年曾任《中央日报》总编辑,一九四九年前后流亡来港,属于"自由"分子无疑。至于大公书局,则是拿美元津贴的。罗隼在《"大公书局"首创〈我的日记〉》中曾说:"五十年代后期,香港文化界出现反共阵线,以'自由'为旗号,可以拿到一些美元津贴,大公书局便印行一些反共的文学作品,争取津贴……"这样的书局,叶灵凤肯定"不感到兴趣";即使感兴趣,

鸦片快船

那些露骨地揭露"英国侵占香港"的文字也未必能在他们那里过关。

这样说并非空穴来风，当年有关文字见诸报端的时候，就因为犯忌而时常惹出事端。例如，叶灵凤给《新晚报》写了一篇《鸦片快船》，系介绍一九三三年英国出版的巴席尔·鲁布波克的同名著作（*The Opium Clippers*）。文章说："本书系记载十九世纪初年，轮船未盛行以前，从欧洲及印度往来中国沿海从事贸易活动的商船情形的，这些商船大都是以风帆行驶的快船，所运来的货物又多以鸦片为主，故名为'鸦片快船'。这种鸦片快船最初停泊在零丁洋，后来便集中到香港。"可是文章刊出来时，不仅文字删了许多，题目也给改成了《港海的快船》。由此可见，对于港英来说，就连"鸦片"这个字眼都是犯忌的。港英当局的报纸审查制度很严，出版界因此噤若寒蝉，"他们怕得罪香港政府"，只好这么办了。

在此之前，还有一次犯忌的事情，后果是叶灵凤主编的《星岛日报·香港史地》都被要求停刊。那是一九四八年的事情，叶灵凤日后回忆说："晚间清理多年前所编的《香港史地》，共出版了四十多期。……由于九龙城问题，被华民署授意报馆要停刊的。我刊了一些慨咏九龙城被强入拆屋的旧诗，其中有'英夷'字眼。港方因表示不满。"为什么"九龙城"不能触及？是因为"九龙城寨一向由中国行使管辖权"，具体来讲，"九龙成为租借地之后，九龙城城内治权仍由清朝保留，清朝官员仍像过去一样，仍旧驻扎城内，继续行使治权"，但港府并不甘心于此，一直处心积虑地"蓄意制造"纠纷，更在二战结束之后挑起了"九龙城被强入拆屋"的事端。关于此事，叶灵凤在《九龙城寨的主权问题》中是这样描述的：

> 一九四七年和一九四八年，港府曾公然侵入九龙城，拆毁城内大批民居，又撕下当时城内居民所悬挂的国旗，侵犯了中国主权。港府对于城内居民的抗议，更出动军警，血腥镇压，以致激起了一场极大的风波。结果广州沙面的英领馆被捣毁，英旗被焚。港府慑于中国民情激昂，舆论沸腾，才逐渐缩手，不敢再硬干下去。

叶灵凤刊出的那组旧诗《九龙城即事》，就是对此一事件的声讨，其中崔凤朋那首还使用了"英夷"字眼，诗的全文是："颓垣败瓦苦斯民，太息英夷辣手伸，顾我空拳思卫土，有人挟刃说亲邻，占巢鸠鸟难相喻，毁室鸱鸮足与伦，弱国外交惟一牒，不须催泪泪沾巾。"在港英治下直呼"英夷"，难怪当局光火，勒令停刊自

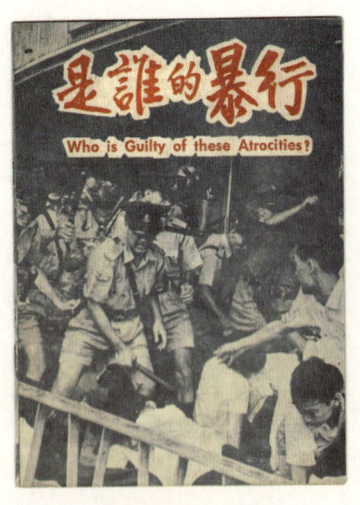

然不在话下。

在这样一种管制环境下，要想出一本全面考证"英帝国主义侵占香港"的史话，更无异于"痴心妄想"。

一直到一九六七年机会才终于出现。这一年，香港爆发了反英抗暴的"五月风暴"。罗孚在《〈海光文艺〉和〈文艺世纪〉》一文中说："'文革'对香港是有了很大的冲击的，最大的冲击就是一九六七年的'五月风暴'。左派报纸当时的新闻说得夸张些就只剩两条：要闻是'文化大革命'，港闻是'反英抗暴'。"叶灵凤在这一时期也表现得兴奋异常，心中对于港英殖民统治的愤恨犹如堆积多年的干柴，遇火便熊熊燃烧。我们从风暴刚刚刮起时的一则日记，可以体会他的心态，这一天是一九六七年五月十一日：

《是谁的暴行》书影

今日下午,九龙新蒲岗工厂区警察与罢工工人和慰劳者,发生大冲突,警察曾用催泪弹和木弹枪,事后据说有九十多人被捕,九龙局部在晚间宣布戒严。

这一次,港英真要搬起石头砸自己的脚了。

写《磨刀颂》,——敌人已经磨刀了,因此我们也要磨刀。

各界斗委会代表到"港督府"抗议

这些天里,"港府压迫行动愈来愈甚,我方沉静以待,大有山雨欲来风满楼之势"。叶灵凤日日关注局势发展,"心绪不宁",除了"写有关时局多篇,其他许多计划都只好暂时搁置了"。他不仅为中新社撰写《有毛主席为我们撑腰》这样的文稿,还有很多"都是揭发港英侵略中国史实为题材",其中,"《英舰紫石英号挨揍记》,在《新晚报》连载了十日,《人民日报》的社论也提起了此事,转载者甚多"。在另外一篇《港英如芒在背的问题》的结尾,叶灵凤这样写道:

因此,"我自巍然不动",不论是文斗、武斗、长斗,齐斗,都是港英必败,我们必胜的。

说实话,这种口气是颇有几分"文革"风格的。在《港英曾两次从香港下旗撤退》中,他甚至直接把"毛泽东思想"搬了出来:"已经两次了,会不会再有第三次呢?胆敢与七亿中国人民为敌,胆敢向毛泽东思想挑战的港英,眼看上天无路,入地无门的日子就要来到,根本谈不到什么撤退不撤退了。"可以说，叶灵凤的"左"，叶灵凤的"红"，在"文革"特别是"五月风暴"中有一个大爆发。如果说他真的如人所说是北京的"卧底"，那么这个时候就等于从隐蔽战线跳到了前台。但叶灵凤绝对不是通过喊口号逞一时之勇，他的史话篇篇都是严谨的学术考证，只不过在字里行间浸透了感情色彩。关于其学术性，岭南大学历史系副教授刘智鹏就说过："叶灵凤的文章字数不多，却参考了大量史料，并且经常在有限的空间里反复论证。这些文章已经超出了掌故的水平，进入了历史笔记的范围。"

丁新豹在为《香港的失落》写的导读中也说："《香港的失落》所收入的文章，便引用了大量史料……即使在今天，知悉这些资料的读者仍不多。他更著有专文介绍这些外文书籍，给有意钻研香港史的读者作参考。"丁新豹所说的"专文"，大概是指那一组《香港书录》。这不仅是香港史地研究的副产品，也是非常重要的基础工作。叶灵凤说："这许多年以来，我一直在留意鸦片战争历史和香港百年来受殖民统治的过程，过去的一些

《香江旧事》书影

有关这些课题的出版物，差不多都涉猎过了。"一九六九年一月十三日的日记则记述了他对于资料搜集的孜孜矻矻："灯下翻阅穆伦都尔夫的《中国书目》，此系一八七六年出版者，现在已很难得，其中关于香港部分，有《中国文库》，各期所载有关香港文字。有暇当设法往香港大学图书馆借阅所藏《中国文库》，因我自己所藏的不全。全套该二十卷，我只有九卷。"

至于"字里行间浸透了感情色彩"，那也正是叶灵凤的独到之处。正如丁新豹所说的："叶氏的文章短小精悍，文笔泼辣，绝不沉闷；另一方面，叶先生原是作家，并不是历史学家，他爱憎分明，反英反殖民统治的立场十分鲜明，尤其部分文章完稿于中英关系紧张、极左思潮泛滥的六十年代晚期，有时未免流于主观、片面，但整体来说仍不失其可读性。"总体来说，即使是那些感情色彩较浓的文字，也还不至于流于"感情用事"，而是"言之有理"的，例如，他在《港英如芒在背的问题》中对于香港回归的判断，就颇具前瞻性，说其料事如神也不为过：

自从新中国成立后，英帝国主义就看出他在中国历年所投的侵略赌注已经完蛋，同时香港前途也早已被注定，因为新中国随时都有理由，而且也有力量宣布收回。当时英国忽然率先表示"承认"新中国，就是这只国际上有名的老狐狸所耍的手段，希望借此来苟延残喘。……它们十分明白，新中国无须动用武力，只要用一纸通知，或是一个电话，说要提前收回九龙新界租借地，香港就立时要变成"皮之不存，毛将焉附"了。到那时候，什么南约北约理民府，什么乡议局乡议会，什么白皮番狗黄皮番狗，就一起要平地一声雷，立时一起成为丧家之犬了。

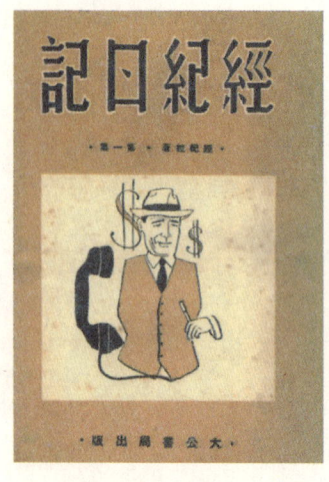

高雄《经纪日记》书影

叶灵凤的女儿叶中敏曾经转述过夏衍的一段话:"在叶灵凤逝世后,其生前好友夏衍先生说,叶灵凤一生最重要的成就是有关香港历史掌故的工作。其有关著述为国家其后一九九七年收回香港也提供了重要的参考依据。"这是知人之论,也正是叶灵凤所期待的结果。

但在七十年代的香港,叶灵凤的苦心未必都能得到人们的理解和认同。远的不说,就是一贯跟他过从甚密,恨不得三天两头餐聚郊游的报坛怪杰三苏(即高雄),也突然毫无征兆地疏远起来。叶灵凤一九六九年二月二十三日日记说:"今晚《成报》请春茗,见高雄夫妇,彼此拱手恭喜,自去年起,彼此皆停止往来拜年了。"很多年之后,甚至《叶灵凤日记》的特约编辑许迪锵都对叶灵凤此一时期的表现不甚苟同,表示"本来一百分,我就扣他三五分吧。"不过,许迪锵倒真是一个解人,他对叶灵凤的一段深层次剖析,道出了常人所未尝道,恰恰符合我一直以来一个隐隐约约的感觉:

> 近日有位学者列举日据期间先生颇"露骨"的挺日文字,认为他是真心投敌。白纸黑字,固不容隐讳,纵观《日记》中的言论,我有另一个想法。先生由始至终就对英殖民者切齿痛恨,日人把英人赶走,实现所谓"大东亚共荣",他未必完全反感。这也解释了六七暴动期间,他对"反英抗暴"的同情,以至在"遍地菠萝"乃

卢玮銮像

至两姊弟给炸死的记事中,我觉得很有点冷漠。但事情发展下来,可以看出,他是有所怀疑和反省的,展现一位有感情和思想的知识分子应有的秉持。

卢玮銮很欣喜许迪锵通过编辑《叶灵凤日记》得到"新的认知",她希望不必纠结叶灵凤的真实身份究竟是何,而要把他"作为一个'人'去看",她说:"在众多不同立场材料出现以后,我渐渐觉得他是一个很执着、很敏感、很自我的文化人,在糅合现代、浪漫的人生里,他爱恨分明,从头到尾都憎恶英国的殖民统治方式,这也是中国人应有的态度。"岭南大学历史系副教授刘智鹏也敏锐地捕捉到叶灵凤的这一心机:"叶灵凤观察历史的时候,往往带有文人的灵锐触觉,可以从一般人忽视的现象中看出独特的历史意义。因此,他有时候也不免以文人的心思对待历史。他对英国人占领香港这段历史有相当强烈的反应,认为这是一件'煞风景'的事情,并且特别为此事写了一篇题为'大笪地的痛心史'的文章。事实上香港人生于斯长于斯,大多数人对割让香港并没有特别的感觉。叶灵凤对百多年前发生的事情产生鲜活的共鸣,是南来文人从中华民族的大历史视野中对香港所表达的关怀。"

接下来我们就该探秘《香江旧事》的出书过程了。首先是要有愿意买的"买家",这个买家是香港上海书局,但在一开始,选题并不是专门指向"侵占香港史话"。叶灵凤在一九六七年八月二十七日日记中说:"上海书局转来意见,拟将《霜红室随笔》分集出单行本。"但叶灵凤首先整理的,却是"有关香港各稿",一九六七年八月二十九日说:"剪贴《霜红室随笔》有关香港各稿,以便交上海书局整理出版。昨日已与赵克在电话中接洽过了。"一九六七年九月二十八日又说:"下午三时往上海书局唔赵克,交《霜红室随笔》十余万字与彼,因他们曾表示想出版,而且指定要有关港澳时局者。"由此也可看出,上海书局赵克并非被动,双方可以说是一拍即合的。

接下来的问题是书名。叶灵凤一九六七年十月二十四日的日记说:"上海书局赵克送回前要去的《霜

九龙城寨入口处龙津楼

红室随笔》，有关香港部分者，都是最近新写与眼前局势有关者。他选取了约七万字，拟出单行本。今日送回来听取我意见，我拟略加修改，以'霜崖'或'叶林丰'名字出版。书名在拟议中，还不能决定。这本书略有系统地叙述香港被侵占的经过。"到一九六七年十一月一日，叶灵凤便有了书名的设想："整理上海书局交回的稿件，写了一篇短序，拟取名为《英国侵占香港史话》。"而且此后的日记中一直使用这个书名，例如，一九六七年十一月二日："上午整理《英国侵占中国史话》。下午三时往唔上海书局赵克,交出此稿。尚有锦田吉庆围抗暴故事未编入,拟重写一篇新的。"但最终,书名却有变。叶灵凤一九六八年二月的日记说:"《香江旧事》出版。原名《英国侵略港九史话》,后改今名。"为什么改名?联想起我们前面说过的"鸦片快船"和"英夷"事件,就不难理解。更何况,在"六七暴动"期间,大批左派文化人士遭拘捕下狱,这样一本"揭老底"的书能够顺利出版,已是奇观。

与此相关的是封面设计。按照叶灵凤的设想,封面会是非常刺激的。一九六七年十二月十一日,叶灵凤在日记里说:"赵克来电话,《英国主义侵略香港史话》已付排,嘱找一张封面画送去。"一九六七年十二月十二日:"选定图片三种,可作《港英侵略香港史话》封面,供他们去挑选。我以为描摹英军掠夺丑态的漫画最适合,未知他们的意见以为如何。"但最后成书的封面,却是一幅老照片,封面的说明文字是:"九龙城龙津码头旧貌(即今日启德机场附近)。"猜想也是为了低调起见。不过,即使只是一张旧风景照,但龙津码头

本身也是富含深意的。叶灵凤在《九龙城寨的主权问题》中说到了这个码头:

> 当港英强迫清廷签订所谓"展拓香港界址"专条时,当时九龙城内,有居民六十四户,共有四百六十多人,据说多数是以泥小贩和务农为业的。"专条"上明白规定,城内的这些居民,仍由清政府官员管理,并且"议定仍留附近九龙城原旧码头一座,以便中国兵商各船渡艇,任便来往停泊,且便城内官民任便行走。"
>
> 这座码头,称为龙津码头,有一条大路,由九龙城直通海滨,称为龙津大道。这些区域,已被划入今日的启德机场范围之内了,但是仍有不少旧日的照片可以查考。

最后是出版社的问题。根据叶灵凤日记记载,接洽此书出版的,一直是香港上海书局,但书上署的却是"香港益群出版社出版"。原来以为是临阵换社,后来读到罗琅的文章，才恍然大悟：原来益群出版社是香港上海书局的副牌。罗琅在《香港文化记忆》一书中说："上海书局旗下的主要出版社包括中流出版社、南星书局、大中书局、日新书店、文教出版社，还有'副牌'如宏业、进修、益群等，各有自己的出版重点。"二〇一四年八月二十二日他还口述说："为方便向南洋外销出版书刊，上海书局有多间不同名出版社，益群出版社即其中一家，在香港并无向华民政务司署登记注册。"既无登记注册，也便少了些审查之虞。

香港历史博物馆前总馆长丁新豹曾说："细算起来，我接触香港历史，可能是从霜崖的《香江旧事》开始。那时的中学历史课程到鸦片战争前便告一段落，要了解英国掠夺香港的经过，及开埠初年的管治，便需倚赖课本以外的书籍。我便是通过这本书对这个当时相当敏感的课题获知一二，所以说《香江旧事》是我认识香港历史的启蒙书籍。"这本薄薄的小书，就是这么重要。

斯皮茨维格油画《书痴》

讲西书故事的《文艺随笔》

当代藏书大家谢其章在《有书来仪》中曾经说过一句话："叶灵凤书话之所以甩咱们书话家几条街，这道鸿沟拦在路当间呢——叶灵凤喝洋墨水识洋码子藏洋装书。今天所谓书话家，咱们行么，中国字还没认全呢吧，应知惭愧。"叶灵凤能"识洋码子"是因为小时候喝过洋墨水，关于这件事，他在《法国文学的印象》一文中曾经做过交待：

> 为了学画，虽然老早就在美术学校里选读了法文，但是每星期两小时的课程，使我的程度距离看书还很远（我一向羡慕亡友望舒的好法文，但是据他自己说，这是在震旦大学挨法国神父打手心苦学

出来的），倒是从小就在教会学校里学的英文，还够我勉强应付看看英文书。

说"从小就在教会学校里学的英文"，一点不假。叶灵凤在《龙开河的故事》（刊于《文艺世纪》一九六五年十一月号）中说："四十多年前，我就在（九江）这条街上的一所教会小学里念书。"中学在镇江念的也是教会学校，他在《晚晴杂记·金山忆旧》中曾说过："我的家曾在镇江住过，我自己也在镇江的一所教会中学里念过几年书。"但是，早年教会学校的学习也只是打了个较好的基础而已，更多的得益于不停地买，广泛地读。上海新象书店一九四七年刊行的《叶灵凤杰作选》，就在卷首的《小传》中说："他是一个苦学自修成功者。"他的"藏洋装书"这一终身爱好，也得益于上海和香港这两个国际性都市给他提供了便利。他的《旧书店》一文就描写了民国年间上海的几家西书店，像外滩沙逊房子里的一家，愚园路的一家，卡德路的民九社，北四川路的添福记，更别说大名鼎鼎的内山书店了。在香港就更加如鱼得水，根据他日记的记载，隔三差五就要到哈里斯、别发、辰衝等西书店逛逛。他还可以根据西文报刊上的图书广告订购欧美最新出版物，例如，一九四七年六月五日日记说："别发书店来电话，谓所订购之毕加索画集已到。无钱去取，奈何！"其实，直接从欧美订购图书的习惯早在上海时期就已养成了。他有一篇写于一九三〇年代的名篇《书痴》，记述的就是他"从辽远的纽约买来了一张原版的铜刻"，对于这张铜刻他是如此描写的：

> 这张铜刻的题名是《书痴》。画面是一间藏书室，四壁都是直达天花板的书架，在一架高高梯凳

顶上，站着一位白发老人，也许就是这间藏书室的主人，他胁下夹着一本书，两腿之间夹着一本书，左手持着一本书在读，右手正从架上又抽出一本。天花板上有天窗，一缕阳光正斜斜地射在他的书上，射在他的身上。

叶灵凤说，这幅画的作者是麦赛尔（Mercier），"并不是一位怎样了不起的版画家"。但他对于画面的描述，却与另一位画家的一幅油画完全吻合，画的名字也叫《书痴》（*Der Bücherwurm*），画的作者却是德国浪漫主义画家卡尔·斯皮茨维格（Carl Spitzweg）。猜想不是叶灵凤记错了画家名字，很可能是一位叫作麦赛尔的画家根据斯皮茨维格的油画创作了一幅同名的铜刻。

迷上西书也是因为一早就碰上了好的师父，他在《我的藏书的长成》一文中说，他因战事离开上海时，失散的那批藏书就在万册以上，"大部分是西书"。"最初的萌芽，是达夫先生给了我几册，都是英国小说和散文。""还有则是张闻天先生也给过我几册，大都是王

一九三〇年代上海四马路书店街

尔德的作品。当时我住在民厚南里，还是美术学校的学生。"西书读得多了，就模仿那风格写小说，就翻译，也开始写一写有关西书风景西书里的故事的书话。他的第一本书话集子《读书随笔》，基本就是写于三十年代的上海，除了少量几篇回忆文字，大半都是所谓的"西书什锦"，这也成了叶灵凤书话的一大特色。

就这一特色而言，《文艺随笔》似乎更纯粹，四辑文字，"全是谈外国作家和作品的"。叶灵凤在《后记》中说："我发觉自己在读书和写作方面都有一点癖性，

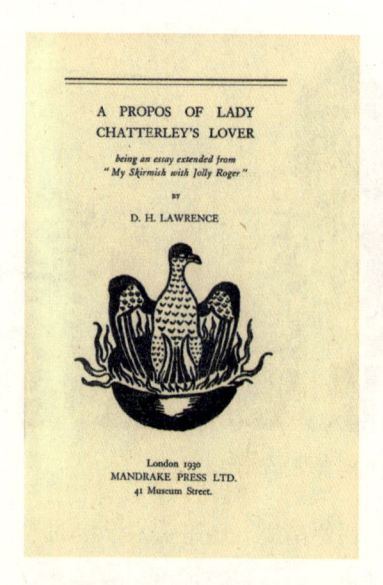

《查泰莱夫人的情人》扉页

那就是自己不喜欢的书不读,自己不喜欢的东西不谈。"当然他也指出,"我平时所读的书,并非仅限于这一个方面。这不过由于要编辑这本小书时,为了不想内容过于广泛和芜杂,这才选了一些全是谈外国作家和作品的,集在一起,成了这本小书。"全书总共三十五篇文章,四辑的标题分别是:"几本古典名著","作家与作品","读书偶记",以及"几本书的故事"。三联书店将该书收入三卷本《读书随笔》时,取消了分辑,并且删掉了五篇文章。

我仔细将两个版本做过核对,发现被删掉的是如下五篇:《意大利的笑林广记》,《托尔斯泰夫妻失和的内幕》，《〈循环舞〉的风波》，《〈查泰莱夫人之情人〉的遭遇》和《〈查泰莱夫人之情人〉解禁经过》。至于被删掉的原因，不外"风化"两字。《查泰莱夫人之情人》不用多说了，看到书名就知道怎么回事。《意大利的笑林广记》，介绍的则是中世纪意大利一个说笑话能手手辑的笑话集，叶灵凤转述的几则故事，"无一不充满了机智、幽默、新颖而又富于人情味"，只不过有些"猥亵"的成分。

《托尔斯泰夫妻失和的内幕》，讲的是年过五旬的托尔斯泰夫人疯狂地爱上了比她小十来岁的音乐家达奈也夫的事情，"这正是促成他（托尔斯泰）后来弃家出走的一个原因"。这一篇实在是一点儿都不"那个"的，不晓得为什么

《循环舞》书影

也没保住。

至于《〈循环舞〉的风波》,倒可以多说几句。《循环舞》是奥地利作家显尼志勒的名作,翻译过显尼志勒《妇心三部曲》的施蛰存,也曾想把它翻译过来,却一直没能出版。至于什么原因,也许叶灵凤的这篇文章能够给出答案,它讲述的正是《循环舞》由于被指控"不正经"而连吃官司的事情。所谓循环舞,本是一种土风舞,由若干男女互相轮流舞下去的。显尼志勒巧妙地借用循环舞的结构,描写了五对循环登场的男女的十场对话,不意却在美国法院遭到了控告,原因就是描写了性。当年哥伦比亚大学一位德国文学教授曾撰文为其辩护,指出《循环舞》虽以"性"为题材,但作者所描写的乃是男女两性在肉欲未满足以前和满足以后的心理变化,从未涉及双方在生理上的经验,可是法院不肯接纳这位教授的意见。叶灵凤在文中感叹说:"纽约的那些自命卫道之士,正像我们的道学先生一般,听见了潘金莲或武则天的名字就摇头。"但他无论如何也不会想到,自己谈《循环舞》的文章也会有类似命运。

靈鳳小說集 實價每冊一元二角

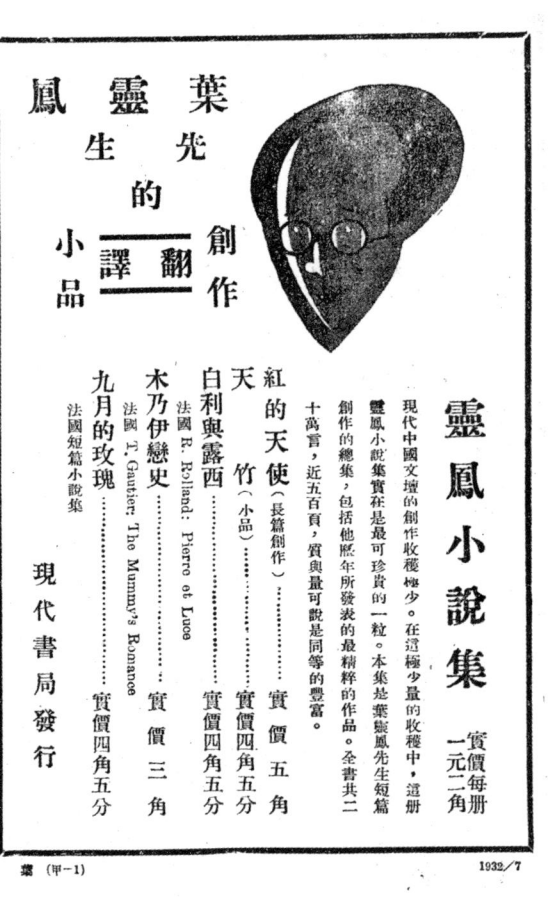

葉先生的創作小品
靈鳳的翻譯

現代中國文壇的創作收穫極少。在這極少量的收穫中，這册靈鳳小說集實在是最可珍貴的一粒。本集是葉靈鳳先生短篇創作的總集，包括他歷年所發表的最精粹的作品。全書共二十萬言，近五百頁，質與量可說是同等的豐富。

紅的天使（長篇創作）……實價 五 角
天竹（小品）……實價四角五分
白利與露西 法國 R. Rolland: Pierre et Luce ……實價四角五分
木乃伊戀史 法國 T. Gautier: The Mummy's Romance ……實價 三 角
九月的玫瑰 法國短篇小說集 ……實價四角五分

現代書局發行

1932/7

《現代》雜誌上的葉靈鳳著譯廣告

《妇心三部曲》书影

三联书店版《读书随笔》是由罗孚选编的,这位叶灵凤生前的挚友,尽管喜欢叶灵凤的很多类著作,但对于他那些以"白门秋生"笔名写的"关于性的小文章",却一直是不感冒的,曾经说过"其实这些文章并不怎么样";还说:"他当年要以白门秋生的笔名写这一类文章,恐怕也多少认为这些东西有些不雅,或有些无聊,才用笔名而不用真名的吧。"虽然罗孚自己也勉强承认:"书不算淫书,文章也不是诲淫之作,闲书而已!"但骨子里他是排斥的,他的这种"洁癖"可能也左右了他的选编标准。不过,历史档案显示,删去几篇"与性有关"的文章,是三联书店老板范用的指令,罗孚只是执行而已。一九八四年范用致罗孚信中有这样一段话:

星期天在家将叶翁的几本集子翻看了一遍,觉得可即以"读书随笔"为书名,集《读书随笔》《文艺随笔》《北窗读书录》《晚晴杂记》为一书,约有二十五万字,不算少。现打印了一份编目,请酌。删去的几篇多半与性有关,是大忌。有几行现在不适宜再印的话,也作了删节。

不过,不是所有人都认为这类文字是"大忌",罗孚曾经的下属杜渐就说:"我倒是没有这种洁癖,我觉得叶灵凤那些文字是写得乐而不淫,很有意思,能增加我们的知识,也能使读者倍增乐趣的。希望将来有心人能把他这类随笔也收集出版就好了。"现在,叶灵凤的《书淫艳异录》已经出版了,看过的都知道,文字是非常干净的。叶灵凤自己也曾郑重声明:"所记虽多艳异猥琐之事,必出以干净笔墨,以科学理论参证之,虽不想卫道,却也不敢诲淫,至于见仁见智,那要看读者诸君自己的慧眼了。"

除了前述五篇，《文艺随笔》原有的一篇《后记》，也没有被三联书店版《读书随笔》收入。其实，这篇《后记》是非常有价值的，不仅介绍了这本集子的编辑思路，更难得地披露了他自己的"书话观"，其重要性不亚于唐弢那段流传甚广的名言。叶灵凤说："我一向认为要写这一类的随笔，将自己读过了觉得喜欢的书介绍出来，是应该将这本书的作者，他的生平和一点有趣的小故事，融合着这本书本身来一起谈谈的。有时，一本书在这世间的遭遇，会与这本书的内容同样的有趣。这都是我特别感到兴趣的。能将这一切融会贯通到一起，写成一篇文章，我才觉得符合我个人的理想，这也就是我自己认为好与不好的标准了。"

我们也来说说《文艺随笔》这本书本身吧。作为"南苑文丛"的一种，它是由香港南苑书屋于一九六三年十月出版，我收藏的一本则是一九七九年十月的再版。一个小出版社能坚持这么多年还没有"执笠"，真是相当可以了，只是社址由"加多近街七号五楼"迁到了"北角英皇道六五九号五楼C"。封面没变，还是素净的底色上一枝白描的花卉，只是再版换成了时髦的"压膜"。我一九九三年在纽约华埠旧书店买来的《文艺随笔》，就是这种经过压膜的版本。我曾将再版本拿到哥大东亚图书馆的旧书库与初版的内容做比较，发现原来排在目录前边的

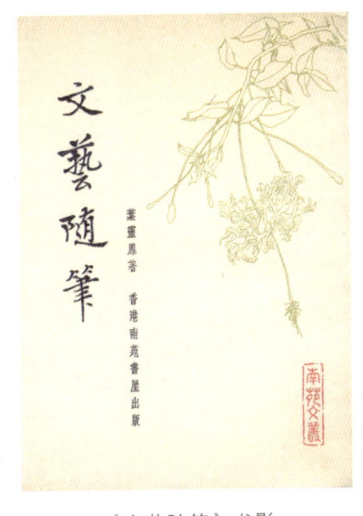

《文艺随笔》书影

一篇《"南苑文丛"缘起》，到再版时给撤掉了。在那篇"缘起"中，出版方将"南苑文丛"定位于"一套不定期的丛书"，虽然不定期，但"我们要求做到不定期中有定期。也就是说，希望按照计划在每一年度内出满一辑共若干种。当然，这计划最终还得决定于具体的出版条件。不过我们最低限度希望：虽然出版时间无从确定，总要做到一本又一本接着出版下去。"坊间能够见到的"南苑文丛"，只有高伯雨《听雨楼丛谈》、黄蒙

田《春暖花开》、柳岸《话旧谈新录》、吴令湄《西窗小品》这么几种,"一本又一本"做到了,"一辑又一辑"似没有兑现,说不定就是因为这个原因再版时把夸过的海口悄悄收回了。

南苑书屋是什么背景呢?作了一番考索,最后还是顺着以《听雨楼丛谈》加盟"南苑文丛"的高伯雨这条线找到了一些资料。许礼平在《听雨楼主人的故事》中这样说:

> 出版《听雨楼丛谈》的南苑书屋,则是万里书店的副牌。创办人是陈琪先生(一九三二——二〇一三,陈泽逊)。陈先生父亲陈虞与高先生老友金满成是留法勤工俭学同学。手边有封信是陈琪致高先生,谈此书再版事。高先生很认真地保存下来,夹在《听雨楼丛谈》之中。

罗隼的《罗隼短调》一书中有一篇《"南苑"与"北窗"》,透露了更多细节:

《文艺随笔》由南苑书屋出版，这间书屋还印有《听雨楼随笔》（高贞白著）、《话旧知新录》（柳岸著）、《西窗小品》（吴令湄著）、《小说新语》（曹聚仁著）……。出版社地址是西环加多近街七号五楼，那是我六十年代住的地方，这书屋有个图章，放在我处，负责代收信件，其实并无人在上址办公。

讲西书故事的文章，叶灵凤还有很多。上海时期有，香港时期更多，可惜大多没能结集成书。这些散落在各种报刊的精美篇章，很可能就此成为遗珠之憾了。

北窗下的叶灵凤

《北窗读书录》出版前后

《北窗读书录》是叶灵凤的又一本书话集子，一九六九年由香港上海书局出版，是"现代文丛"之一种，封面、扉页和封底都有这个文丛的标记。关于"现代文丛"，罗孚在《罗孚短调·竹林深处人家》中曾经有所介绍："这套文丛应该是较早出版香港作家文丛之一，版本的意念来自'企鹅丛书'和台湾的'文星丛书'，每本十万字之内，一共出了几十本，包括的内容甚广。"有趣的是，罗孚在另一篇《"南苑"与"北窗"》中还谈到了有关《北窗读书录》书名的趣事：

> 我曾于一九六五年印了一本文史小品，书名《北窗夜钞》，因家有窗向北，而该本书中小文都

罗烺《北窗夜钞》书影

在北窗下写成，就取了这个名。叶先生家大概也有北窗，因此一九七〇年由上海书局出版一书，收在"现代文丛"中，名《北窗读书录》，我的书同他的书都用北窗，后来他发现我用在先，特地请源克平兄来向我致歉，并赠送该书一册。虽然我用名在先，但我自然不敢同叶先生去同用一名，掠他之美。香港居屋坐山面海都向北，夜里都在窗下，用方向作名的甚多。

更有趣的是，叶灵凤也为罗烺（罗隼）的这本书写了一篇读书随笔，篇名叫《夜读〈北窗夜钞〉》，发表在一九六七年三月十一日的《新晚报》，文中直接回应

了"北窗"问题:

> 虽然夜已深了,好在我一向是"惯于长夜过春时"的,这里也正是北窗,罗烺先生"夜钞",我便在这里读了起来。

叶灵凤还写道:

> 徐益寿先生的《文史随笔》,主要的是取材于前人的笔记小说。罗烺先生的这本《北窗夜钞》,却大部分取材于正史,是一部读史随笔。我一向只喜欢读野史,很少接近正史,因此对书中所发挥的那些论题,我的兴趣都比较

《北窗读书录》书影

黄俊东与刘一波

小。只有那些谈到近代历史人物和地方掌故传说的，……对我来说才比较熟悉。

这一好恶我是同样拥有的。很早就关注到香港一位叫吴其敏的作家，他的好几本文史随笔，像什么《坐井集》、《文史小札》、《望翠轩读书随笔》，我都买来了，可都是只爱"书皮儿"不爱"瓢儿"，因为里面写的都是武则天曹操那些年代的"死人";而他那本《园边叶》,我却是爱不释手,读了再读,因为写的都是现代文坛的人物掌故。罗烺是在香港出版界摸爬滚打出来的"实干家",写《北窗夜钞》的时候,应该还在积累期,所以翻翻古书,做做夜钞,也很正常。到了晚年,见的人经的事多了,文风大变,一连写下好几本香港文坛掌故,像《香港文化脚印》、《香港文化脚印二集》、《香港文化记忆》、《罗隼短调》等,说的都是叶灵凤他们那一辈香港文化人的旧事,不独我非常喜欢,就是叶先生见了,肯定也会欢喜不置。

叶灵凤拿到《北窗读书录》样书的时候,已经是岁尾了,一九六九年十二月十九日,他在日记中记下这样一笔:"随笔

刘一波《惨变》书影

集《北窗读书录》，已由上海书局于上月出版。"虽然只有简单一句话，但他心中分明是开心的，第二天，就将样书分送给他的几位铁杆追随者。十二月二十日的日记是这样写的：

黄俊东《猎书小记》书影

> 下午三时，到红宝石餐厅唔黄俊东、刘一波，他与太太同来。区惠本已入《明报》工作，因无暇未来。以《北窗读书录》分赠各人，至五时许始散。

从行文的口吻分析，这个会晤应该是叶灵凤主动召集的，主要的目的恐怕就是分享他的新书。他提到的刘一波，本来是在理发店工作的青年，因为爱好新文艺，自己几个人创办了一个小刊物，取名《新作品》。他所供职的"立克尔"理发店就在叶家对面,当他打听出住在对面的就是大名鼎鼎的叶灵凤,就和另一位爱好文艺的舒姓同事登门拜访。叶灵凤一九六七年四月二日日记对此有记载:"态度都很诚恳,因谈了一些文艺创作的修养问题。劝他们不要骛新,不要贪巧,一定要脚踏实地地去学习。"他还感慨:"在理发这一行中有这样爱好文艺的青年,实在是难得的。"后来成为香港书话重镇的黄俊东,也是通过刘一波牵线搭桥,第一次造访叶府的,这一天是一九六八年七月七日,七月六日的叶灵凤日记记载:"刘一波(文艺青年曾在理发店工作,办过文艺小刊物)来电话,谓将在明天下午三时半偕黄俊东来访。黄亦系以前相识者,两人现皆在《明报月刊》工作。"次日见面的情形则是:"黄

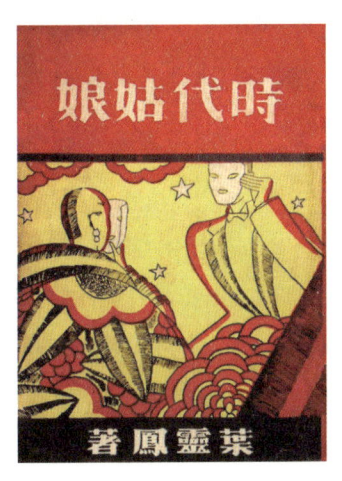

叶灵凤《时代姑娘》书影

《我们必胜！港英必败！》书影

俊东、刘一波来，并有一女子，系刘之女友。黄带来一些我的旧作，如《红的天使》、《鸠绿媚》、《时代姑娘》之类，还有一册《幻洲》。自然不免谈了一些过去文坛的旧事。黄为人谈吐倒还坦白。三时许来，七时始去，赠以《文艺随笔》、《香江旧事》各一册。"黄俊东是香港本地最为继承叶灵凤衣钵的一个，他的《书话集》和《猎书小记》被炒成了天价，叶灵凤签赠他的那本《香江旧事》，很多年后也在拍卖会上高价拍出。

几天之后，叶灵凤还赠送一册《北窗读书录》给一位给他看病的眼科医生，"因他曾向我谈起从杜甫的诗中看出杜甫晚年也有眼疾"。那一时期，叶灵凤颇为眼疾困扰，以至于担心会不会失明，他在日记中说："父亲晚年在杭州也双目失明，大姊近年也有一只眼失明。我家对于视力似有不好的遗传。"视力对他的的影响还是很大的，日记停了好几个月，"读书和写作也很少"，甚至为《成报》写了十五年的连载小说《红毛聊斋》，"也觉得有点倦了，趁这休养目力的机会停了也罢"。"不写《成报》小说，每月少了四百元收入"，这对于子女众多的叶家来说不是小事，因此叶灵凤才"拟整理旧稿为单行本，以此暂时来弥补"。有此之念，主要因素固然是因了不拟再写《成报》小说，但《北窗读书录》的出版显然也给了他一些激励作用，正是在拿到新书的这一天，他立下了这志向。

《北窗读书录》最初是应大光书局之约而整理的，叶灵凤一九六九年五月二十二日日记说："晚在灯下整理《随笔》稿，选出可编成一辑者约七十余篇，拟编成一集。此系应陈凡之约，系大光书局拟出版者。"陈凡是《大

陈凡编《艺林丛录》书影

公报》副总编辑，与金庸、梁羽生合写《三剑楼随笔》的那个，他跟叶灵凤似乎比较谈得来，一九六七年他为《大公报》编辑大型画册《我们必胜！港英必败！》，叶灵凤为他提供了不少图片资料；叶灵凤暮年读的最后一套大书，就是他寄赠的《艺林丛录》。一九七四年二月十六日这天的日记记录了这温暖一幕：

> 天暖。陈凡寄来《艺林丛录》已出者全部共九册，一至九集。喜出望外，作书谢之，初以为仅能得最近出版之八九集，不料竟能获全豹也。
> 灯下翻阅一过，不觉忘倦。

至于大光书局，据罗隼在《香港文化脚印二集》介绍，正名应是大光出版社，它的前身是学文书店，"当年他们出版的东西，重点宣传中国的过去光辉，地大物博，以激励海外中华儿女的民族感情。不久'学文书店'名字，被英国殖民统治下的星洲政府宣布禁止其出版物入口。当年香港出版物东南亚是最大市场，因此学文书店除了小心出版物内容外，便改用'大光出版社'名义出版。"《大公报》自己的文宗出版社是学文书店的股东之一，陈凡自己也以徐克弱笔名在大光出版社出过书，所以他替大光向叶灵凤组稿就不稀奇。

谁知次日就改变了编辑思路，叶灵凤日记

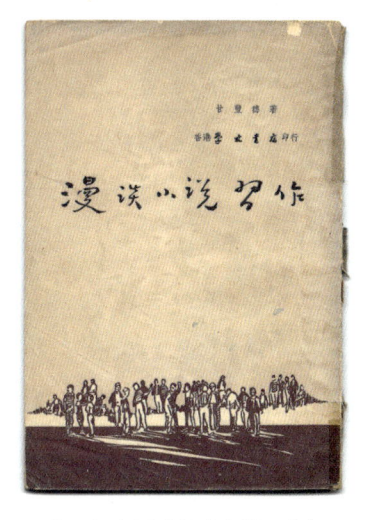

学文书店版《漫谈小说习作》

云："晚间整理《随笔》稿，又想改变计划，以全部读书录一类的短文辑成一册，拟取名《北窗读书录》。"这不免让人想起他早年在《书鱼消夏录》中说的一段话："对于我，书是一个无言的伴侣。用着惨淡的心血换来的报酬，我都花费在书上。从每一册书上，我都可以隐遁我的灵魂。"又想起他的老友黄蒙田说过的一段话："认识或不认识灵凤的人对于他拥有的藏书之多和方面之广表示很羡慕。我相信，灵凤毕生劳动所得，除了家庭的必要开支以外，全部都'投资'到书籍上，甚至在他来说，家庭和书籍二者更重要的是后者。"他也写下大量读书笔记，可惜只在四十年代出版过一册《读书随笔》，六十年代出版过一册《文艺随笔》，所以当又有了一个难得的出书机会，一个像他这样的爱书家，肯定会做出这样一个选题。

一九六九年六月十五日，他完成《北窗读书录》的整理，"都是读书随笔，共七十篇"。到了七月十二日，接到黄茅电话，"谓见有我的《北窗读书录》的出版预告广告，但未说明在何处所见"。叶灵凤很迫切地"翻阅今日各报"，但"皆不见"广告的影子。七月十七日，陈凡来电话才说清了原委："谓《北窗读书录》给了上海书局，为《现代文艺》的一册，嘱我另选辑一集《随笔》给大光书局。"叶灵凤这才明白，"日前黄茅所说者即指此，事实上他只见了广告的稿样"。《北窗读书录》最终由上海书局出版了，但他与大光出版社似乎终生没有结缘。

《张保仔的传说和真相》

一九七〇年十月,叶灵凤还出版过一本小书——《张保仔的传说和真相》。这本书,出得晚,开笔写却不晚,一写就写了二十多年。他的忘年交区惠本,很清楚这个漫长而不易的写作过程,他曾说:"这本书包括了十五篇考证张保仔事迹的文字,都是叶老二十多年来不断从方志、笔记、史书、诗集、奏稿以及外国人著作中仔细考证写成。"叶灵凤自己在《后记》中也是首先强调了这一点。

> 这本小书,字数虽然不多,但是写作所经历的时间却很长。其中的大部分,虽是近年所写,但是有几篇,如《外人笔下的张保仔》、《张保仔与澳

《国风》月刊封面

门》等篇，第一次使用这些材料所完成的初稿，都是二十多年前的事了。

张保仔的名字确实很早就出现在叶灵凤笔下了。一九五二年一月七日的日记说："午后往访陈君葆谈《国风》事，并往港大英文图书馆借阅纽曼氏的《中国海盗史》，其中有张保仔之材料颇多，但与《中国文库》所引用者亦大同小异。纽曼此书系译自中文，原书名《靖海氛记》，出版于道光十年，作者为袁某，系顺德进士。未知什么地方能找到这原书也。"《国风》是"红色会督"何明华提议创办的一份月刊，由叶灵凤主编，第一期在一九五〇年十二月十五日出版，不过由于经费问题，后续难以为继。从第一期内容来看，此时的叶灵凤已有意识地增加"在地"色彩，文字方面有郑筹伯的《香港青年应有之道德理想》，图版方面亦有黄永玉的速写《香港风情》。更重要的是，他已悄悄开始香港史地资料的寻访。而且，由日记中这段话可知，他对于张保仔的研究已经进行了一段时间，相关资料已经接触了不少。

区惠本曾说："中国人以学术论文方式撰写香港考古文章的，以许地山为第一人。""许地山在港时，叶灵凤与之时有过从，估计叶氏研究香港考古、史地，也始于此时。不久许地山逝世，就由叶灵凤一人独担大柱了。"说"时有过从"是一点不夸张的，一九三九年三月，中华全国文艺界抗敌协会香港分会成立，许地山、叶灵凤同时当选九名干事之一，可以说是并肩作战，相濡以沫。

许地山像

只可惜许地山不幸于一九四一年八月四日英年早逝，他们没能就香港史地研究做更多的交流分享。一九四九年十月十九日，叶灵凤曾到香港大学，看许地山存在图书馆的遗书，他所着意的，恐怕正是有关香港史地的特藏。

选择张保仔作研究对象，无疑是一个有趣的小切口。在香港，张保仔可是个响当当的名字，流传着许多关于他的传说。传说，这位大海盗，巢穴就在香港岛，岛上留有不少他的遗迹。比如，西营盘和东营盘，据说就是他所设的军营；一些离岛以及港岛赤柱的天后庙，不仅具有祀奉的功能，也被他的部属用作哨站，天后庙神案下还有地道出海；港岛半山有张保仔古道，传说是为逃避官兵追捕而修；又谓其出海打劫所获财物，分藏于塔门洲、长洲、南丫岛及港岛舂坎角等地山洞，被人们称作张保仔洞。

张保仔不仅为香港华人故老相传，外国人也对这个传奇人物很感兴趣。书中插图有一幅英文版《张保仔之洞》（*The Cave of Cheung Po Tsai*）的书影，叶灵凤说，这本书就是在此地任教职的丁格氏（Tingay）所写的一本

早年的铜锣湾天后庙

《金银岛》式的冒险小说，讲的正是到长洲张保仔洞去寻宝的故事。不过叶灵凤发现，"香港人喜谈张保仔，但大都传闻多于事实"，"除了因袭地沿用一些流传已久的不可靠的传说故事以外，从不肯认真地就这有趣的课题去发掘新的较为可靠的资料"；外人的著述，虽然不乏亲历者的口述，但也"照例不免有曲解和夸张之处"。因此，他"决定对他的真相史实做一点勾稽工作，借以澄清那些所谓'故老相传'的故事"。

西方人笔下的香港海盗被捕

为了研究张保仔,叶灵凤在文献方面可说是上穷碧落下黄泉,例如,一九六八年十二月十二日日记说:"灯下读樊昆吾的《南海百咏续编》,在'招安亭'条下,无意发现有关张保仔资料一则。甚难得,原来此亭即当时两广总督百龄为受降张保仔,特地建筑的。他书未见记载过。"很多少为人知的洋文资料也给它挖来了,《中国文库》就是一个例子,叶灵凤在《〈中国书目提要〉和香港》一文中提到过它,"是当时专门译载有关清朝研究资料的英文月刊，创刊于一八三二年（清道光十二年），一八五一年停刊，一共出版了二十卷。最初是在广州出版的，在鸦片战争期中曾移到澳门出版"。友人也多襄助，例如，一九五二年三月十八日，"马鉴寄来有关张保仔资料一则，系录自《金壶七墨》者，记张投诚以后事。"

但他并非只是"搬字过纸，摘录资料做'抄手文章'"，罗孚说："他是做了细致的考证工夫的。"黄蒙田也说："考证这个海盗一生的历史，到目前为止还没有第二个人像灵凤那样下过一番苦功。"功夫不负有心人，他的研究考证确实对这个向来"故老相传"的神奇故事起了澄清作用，成为"一件很有意思的破除人云亦云，以讹传讹的好例子。""譬如说，香港和离岛有许多张保仔洞，这只是后人穿凿附会的传说，事实上这些小洞也未免小觑了张保仔，此人当年是拥有千艘以上武装帆船和集众两万多人的江洋大盗，他真正的根据地是在形势险要的大屿山，这许多张保仔洞实在和他无关。更重要的一点是，张保仔并不是一个和官兵在海上奋战到底的传奇式

《星岛周报》封面

'英雄',而是一个投降主义者。一八一〇年他向粤督百龄投降并被封'官至三品',这就是张保仔的真实形象。"

《张保仔的传说和真相》并非一蹴而就,而是经历了一个日积月累,聚沙成塔的过程。一九五一年,《星岛周报》创刊,叶灵凤是编委之一,在这年的十二月三日,"写《张保仔事迹考》,系给《周报》","共写了三千六百字","因篇幅关系,许多材料未能尽量引用"。一九五三年一月二十五日的日记说:"《天下画报》的刘君打电话来,要我写一篇关于张保仔的故事,约五千字,配以图片。因为觉得可以借这机会整理一下张保仔的资料,便答应下来了。"《天下画报》的创办者应是陈畸,曾是叶灵凤在《星岛日报》的同事,正是他,在一九八〇年将伴随叶灵凤退休即告停刊的《星座》恢复出版。一九五二年十一月二十七日日记又记:"陈畸等筹备出版《天下画报》,来约写有关香港的文字。"打电话的"刘君"应是该刊的编辑人刘捷,这个名字见于《天下画报》的版权页。

转眼到了一九六七年,又"续写《张保仔的故事》",三月二十日的日记说:"可以写成五六万字出一单行本,为本地人口中所惯说的这个大海盗传说做一总结,材料可算不少,只是始终不能读到当时两广总督为了记功所编撰的《靖海氛记》,仅从各县志所引读到一小部分。"这次的续写是为了在《晶报》连载,不想却闹出了一场不愉快,二十七日的日记是这样说的:"为《晶报》写《张保

《天下画报》封面

陈霞子像

仔故事》。本拟写两个多月，然后整理出版单行本。仅写了一个月，他们要求一定要在月底结束，谓学术性太强云云。甚不快。"

《晶报》创刊于一九五六年五月五日，陈霞子任社长兼总编辑。叶灵凤日记中记与他的交往只有一次，见于一九六八年四月二十三日日记："晚应费彝民之邀，到《大公报》晚餐。一桌同席有陈霞子及李自诵等。菜系东兴楼特制，甚精。"《晶报》因为"学术性太强"而腰斩《张保仔故事》，其实并不稀奇，因为他们这张报纸，正是将读者对象定位于"屐板阶层即今天的草根阶层"。鲁穆在《记"三及第"文章宗师陈霞子》一文中说："《晶报》在开办时卖'斗零'一份，这是为了吸引低下层的读者。他选用了'三及第'文体的社论，也是为了适应这阶层的读者。'三及第'这个名也是他起的。"其实,《晶报》谓叶氏文章"学术性太强",从一个角度看似是贬低,从另一个角度看则不啻是肯定,充其量是投错了地方。

这样,出单行本的机会一直到了一九七〇年才有,也还是要感谢香港上海书局的赵克,肯将这书和《香港方物志》、《晚晴杂记》一揽子出版。这年三月二十四日开始,叶灵凤连续几天都在整理稿件。虽然他自嘲"为稻粱谋也",但内心是颇有些"敝帚自珍"的,认为"有一些考证颇能推翻了一般的传说",所以不光文字方面字斟句酌,就连插图和封面设计都格外用心。三月二十六日,"整理旧资料,要找两幅有关张保仔的图片,遍寻不获。"三月二十八日,"又检

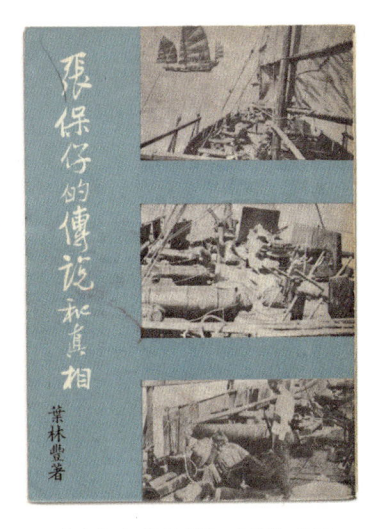

《张保仔的传说和真相》书影

229

出方志中有关张保仔的记载，交中敏带往报馆一同摄影。"三月二十九日，"中敏拿去报馆托映之照片已全部交回，成绩极好，令人满意。"四月六日午后，亲往上海书局晤赵克，交出了《张保仔》稿件，还跟他商议了封面事。

小书做得还算精致，叶灵凤提供的照片，印在了卷首十面铜版纸上，封面也用了三幅。天蓝色的底色下，竖排着白色手写体的书名。我收到的这本，竟是香港大藏书家方宽烈的旧藏，品相极佳。书名页钤有印章两枚，一是"方氏宽烈"，一是"梅荷双清阁"。方先生在世时选编过一册《叶灵凤作品评论集》，亦曾关注到拙著《叶灵凤传》，他要九泉之下得知他的旧藏归入寒斋，想必也会认为得其所哉。

《晚晴杂记》的另一种读法

晚年叶灵凤用得较多的笔名是霜崖，与此配套的是报纸专栏《霜红室随笔》。这个专栏写了很久，"文字数量惊人"（陈子善语）。三联书店三卷本《读书随笔》的第二卷，整整一本都是以《霜红室随笔》为题。但与《读书随笔》、《文艺随笔》、《北窗读书录》有所不同，叶氏生前并没有出版过叫作《霜红室随笔》的单行本。正像香港学者张咏梅说的，"单是为《新晚报》副刊写的专栏《霜红室随笔》就有大量佚文尚未结集"。至于陈子善为海豚书馆编辑的那本小书，不过是借用这个名字而已，属于"拾遗补阙性质的"。按照陈子善先生的说法，是从《新雨集》、《新绿集》、《红豆集》、《海天集》和《南星集》这几种与他人的合集中选择了若干篇，凑成一个"拼盘"，"目的是让读者再次领略叶灵凤随笔小品的艺术魅力"。

叶灵凤生前是有过将《霜红室随笔》结集的动议的。在一九六九年一月二十四日的日记中，他写道："向黄茅处取回剪存之霜红室稿一批。本拟出版者，后因'文革'，出版计划停顿，取回拟另谋出路，但已预支过一千元，这债务不知如何了却。"香港虽然不搞"文革"，但受到的冲击也是很大的，尤其是中资机构或左派阵营的文化单位。以三联书店为例，萧滋的《出版 艺术 人生》一书描述得就很生动："书店职工也受到'文革'影响，除经常的学习和讲用会外，天天早请示，晚汇报，读语录，唱样板戏，甚至天天听，只听中央人民广播电台的广播节目。书店职工还投入到反英抗暴斗争中，经常上街进行抗议，到工会、农村串联。为此而被港英当局逮捕投狱的，整个出版线达数十人之多。"另一中资出版机构中华书局，一九六七年八月还发生了董事长吴叔同经日本逃亡台湾的"投敌"事件，想必会"整顿"好一阵子，哪有心情出书。

香港中环海旁

叶灵凤曾说:"自'九一八'、'一二八'、'七七'、'八一三'以至香港的'十二月八日',我的一生最好的日子,都是消磨在日本侵略战争的阴影下,这是令人难忘的。"未料到了"为霞尚满天"的晚年,本该是收获的时候了,却又受了"文革"的影响。也许是感觉到了"时不我待",自黄茅处取回剪报后,叶灵凤就加紧整理,以图"另谋出路",这便催生了《晚晴杂记》。一九六九年六月二十二日,"整理旧稿,今夜清理者为

《晚晴杂记》书影

有关生活和回忆的《随笔》，共有百余篇。"到了一九七〇年四月十七日，终于"编完一集，取名为《晚晴杂记》，多是回忆小品随笔。"此后的几天，一直忙于这部书稿。四月二十二日："在灯下整理《晚晴杂记》稿。大部分已看完。只要略微抽换补充几篇就可。"四月二十六日："在灯下将《晚晴杂记》稿整理完毕，明天可以交出。"正式把书稿交出的时间是四月二十七日，"下午二时往上海书局晤赵克，由中辉陪往，交出《晚晴杂记》稿，取得稿费八百元。"

这时的叶灵凤，"目疾又加深，视力更减"，"连写字也不大方便了"，所以，当七月二十七日《晚晴杂记》校样来时，只能"托中敏代校"。封面设计稿送来后，也没有精力置评了，只是在日记中简单记了一笔。一直到一九七〇年结束，日记里也没有记载有样书送来，所以，方宽烈《叶灵凤年谱简编》说《晚晴杂记》的出版时间是一九七〇年，应该是初版版权页记载的时间（初版版权页确是一九七〇年十一月），真正上市发行，应该到了一九七一年，而这一年叶灵凤的日记又不幸中辍，所以也就找不到原始记录。我除了初版，还收藏一本一九七一年十一月的再版，这也说明，这本小书在当时还是很受读者青睐。

《晚晴杂记》共收文八十篇，三联书店三卷本《读书随笔》只选了其中二十四篇，不仅未能反映全貌，恐怕也没有读懂叶灵凤的编辑思路。当然，既是以"读书随笔"为主题，剔除一些离书较远的文字，也是可以理解。以我的揣摩，叶灵凤是以时间为轴，将《晚晴杂记》作为他前半生（截止到八一三上海沦陷）的自叙传来编排的。其中一个例证是，在《文艺世纪》一九六六年十二月号刊发的一组四篇《窗下随笔》中，《瘦西湖的旧梦》、《我的读书》、《家乡的药草》都被收进了《晚晴杂记》，唯独一篇《郊游》落选，因为这篇主要是写当下去新界的郊游，虽然也因一声蛙鸣回想起一段年轻时在沧州做客听来的包公故事，但毕竟与自己的生平经历关系不甚紧密。最终收进书里的文章，虽说有关生平经历的描写只是一鳞半爪，而且大多埋没在家乡风物美食的述说中，但把这些零星的信息耙梳出来，也还是颇富价值，这也算《晚晴杂记》的另一种读法吧。

南京石头城

　　叶灵凤是江苏南京人，《晚晴杂记》中描写南京的篇什自然会很多。他的家族也曾有过发达的时候，《家乡的剪纸》就写到了他们的祖屋："我的老家在九儿巷，那座至少有四五进深的大屋，据说在太平天国时代曾经做过王府的。五开间的大厅屏门上，还残留着斑驳的漆绘彩画，若是现在还不曾拆掉，该是很好的太平天国历史文物。"但在叶灵凤幼年的时候,家道无疑中落了。在没有收进《晚晴杂记》的一篇《叔父和叔父的朋友们》(刊于《文艺世纪》一九六五年十一月号)中,叶灵凤说:"我那时已经有十三四岁,我们的那个古老的大家庭,早已经不起时代浪涛的冲击,四分五裂,放弃了那座大厅屏门上还留着'长毛'画的壁画的大屋,各奔前程。"《夏天的花》则说:"记得有一年夏天,家里住在故乡城北很冷落的一条街上,父亲好像出外谋生去了,家里就剩下继母和我们几个孩子,生活不仅过得很清苦,而且也很寂寞,我就在小小的天井里种了一些茑萝,打发了一个夏天。"

叶灵凤曾在日记中说:"我自小离开故乡,一切皆生疏。"这是因为,"读书不成"的父亲一直在外"当一些闲差事",叶灵凤便随着父亲在长江沿岸的几个地方迁徙。他在《老同学成庆生先生》中说:

> 我年轻时候读书的几个地方都分散得很远。我自己是南京人,却不曾在南京念过书。我的私塾启

蒙教育是在安徽一个小县宿松开始的。念初等小学时到了江西九江。后来又到上海附近的昆山念高等小学。在昆山县立高小毕业后，就到镇江念那间教会中学。

还是那篇《叔父和叔父的朋友们》，则详述了他父亲在安徽宿松当的是什么"闲差事"：

> 我父亲是老大，靠了"祖荫"和"八行书"到处去谋小差使，带着我们一家人东奔西走。我至今还记得，辛亥光复那历史的一瞬间，竟是在安徽省一个小县宿松经历的，因为父亲那时正在做宿松县属下的巡检。我那时当然根本不知道"光复"是怎样一回事，所以能够清晰记得那一瞬间情形的原因，是因为父亲坐堂审案，忽然不戴拖花翎的红缨帽了，改戴了一顶由继母连夜给他赶制好的平顶军帽，接着我脑后的小辫子也被剪掉了。

民国年间九江江岸之风景

九江在《晚晴杂记》中出现过好多篇，因为"我在九江曾经消磨了七八年的童年岁月"(《难忘的南门湖》)。跟南京不一样的是，那里的一山一水都投入了他幼小的身影。《九江通信和一棵桃花》说："九江并不是我的故乡，但是在我的心中同我的故乡一样的亲切。我的十二三岁以前的童年生活，都是在这座城市里过的。"他写到了西园，那是"我的家所在地"；写到了仓巷，那是"我读书的那座学校的地方"；写到了军米仓，那

民国年间昆山风景

是"父亲任职的地点"。《西园和鬼屋》说:"我那时刚进私塾读'千字文'一类的书,认识了不少字,而且已经很喜欢'舞文弄墨'了。""虽然读书不成","却很希望子女能读书"的父亲很乐见自己的儿子"喜欢画画看书弄笔墨"。国文老师也对他高看一眼,《南门湖的夏天》说:"我因为自幼就喜欢胡乱的看书,做起国文课卷来自然较为容易对付,因此,举人老师曾经一再在他儿子的面前对我特别夸奖。"

叶灵凤是和姐姐一起投奔住在昆山的叔父的,在那里就读县立第一高等小学。"这间小学就在城边那座有名的大桥附近,面对着的那湾河水,称为'沧潭',校门内有一株大银杏树","祠堂同时也是课堂"。《五四的记忆》说:"叔父给我的教育和影响,比学校更大。"他是留学日本的,是老同盟会分子,无论他书房案上放着的《南社诗文集》、顾炎武的《天下郡国利病书》,还是他和朋友们慷慨激昂谈论的天下事,都给叶灵凤留下了深刻印象。早年他从上海寄给大哥看的《新青年》杂志,也给叶灵凤翻过了。在昆山,叶灵凤也到民众教育馆看《少年杂志》,"自己也悄悄地去投稿,发表过几篇故事和一幅图画"。五四运动那年,叶灵凤正是三年级,虽然还只是个小学

郑慎斋画镇江金山塔

生,却也用借来的油印机,"印了一幅自己所画的宣传画,拿到街上去张贴"。

镇江是叶灵凤来上海之前的最后一站,《镇江的鲥鱼》、《谈镇江的肴》、《金山忆旧》、《小楼里的生活》、《杂忆李公朴先生》、《老同学成庆生先生》,都是记叙这个旧游之地。那时,家里住在有名的大茶楼"朝阳楼"附近,大哥则在镇江海关任职。叶灵凤读的是一间教会中学,好像是叫"润州中学"。"这间教会中学规模并不怎样大,办得不特别好,可是由于它的校舍是建立在镇江郊外的一座小山顶上,远远可以望见长江和北固山,景色特别好。""我那时已经喜欢看笔记小说,自己也学着用林琴南那样的古文笔调

《礼拜六》杂志封面

写记事文，曾将自己的作文簿题了一个什么斋笔记的名目，被国文老师狠狠地骂了一顿。"

镇江时期之所以重要，是在这时候塑造了一个文画兼修的叶灵凤。他在《小楼里的生活》里说："我在里面开始看杂书，看笔记小说；开始学刻图章，开始学画中国画，甚至还开始学做旧诗。"还有重要的一点："那时在感情上所做的梦，全是'礼拜六'派的，全是'鸳鸯蝴蝶'式的。"这也可以成为后来他钟情于情爱小说、通俗文学，乃至"书淫艳异录"一类文字的根源。但是，到了中学毕业要升学时，他还是选择了美术。他的三叔从上海来镇江探望他时，把他带到了上海美术专科学校。"我就从江南城市的一间小楼，走进十里洋场的亭子间了。"

后来的事情读者诸君

《少年杂志》封面

应该很熟悉了——他如何由投稿结识了创造社一众大佬；如何参与编辑《洪水》，在上面又写又画；如何成为创造社出版部小伙计；如何"自立门户"，在文坛上"享受新的乐趣"，以及随之而来的"自己料不到的麻烦和忧患"；如何秘密迎接"从日本弃家归国"的郭沫若，并随他加入《救亡日报》，"共赴国难"……《晚晴杂记》中都有更为详细系统的记述，抄也抄不完。感到特别遗憾的是，我们没有等来《晚晴杂记》的续集。别说他同样曲折而精彩的后半生，即使是上海时期的洋场岁月，也还有好多故事没有来得及讲。譬如，他的出版与装帧生涯，就几乎很少提及。他所设计的图书，远不止浮出水面、为人所知的那么多。

黄俊东写过一篇《叶灵凤逝世二十周年》，文

《郭沫若归国秘记》书影

章里回忆了一九七五年十一月二十五日，叶灵凤的家人在香港殡仪馆为他举行大殓的情形："当日三时，辞灵之后，叶先生的遗体随即出殡，并在哥连臣角火葬场举行火葬。据叶家大小姐告诉我，陪葬的有叶先生的晚年著作《晚晴杂记》以及稿纸、墨水笔，此外尚有他心爱的画册数部。"

叶灵凤为郭沫若《橄榄》设计的封面

晚年的叶灵凤

《记忆的花束》没能盛开

《晚晴杂记》之后,叶灵凤有意再写一组回忆小品。一九七三年二月十三日的日记说:"拟写一些回忆小品,取题为《记忆的花束》,未知能执笔否,当努力一试。"除了自觉健康不佳、来日无多这个因素,直接刺激他产生这想法的有两件事情。一是读到了本港报纸转载的曹雷谈她的亡父曹聚仁的文章,以及罗承勋写的《曹雷和她的亡父》一文,肯定有许多想说的话,无奈"视力差,愧不能执笔也。"二是由《四季》的采访引起。这年二月十日的日记说:"读《四季》文学季刊。系去年底出版,有该社同仁访问我谈穆时英问题,重读一遍,往事不堪回首,思潮动荡,久不能止。一切皆四十年前事矣。"

有说他曾想以他口述、黄俊东整理的方式进行。从

上海时期的叶灵凤

日记看,果然在二月十五日这天的"下午四时半约了黄俊东、孟子微在红宝石喝茶",有意思的是,这一次他的女儿"中敏也在座",因为她也是笔录口述的人选之一。这一动议,黄俊东曾在《老作家逝世了——悼叶灵凤先生》一文中透露:

由于眼力不好,身体也衰退,退休后,家居生活颇感寂寞,也不大愿意与昔日的友人来往,要完成的工作又没法子做，影响到心情很不好，据知时常失眠，这情形当然影响到身体的建康，但也想不到他会突然病倒而逝世。本来他答应过笔者谈些文坛掌故，用录音的方式录下，以待将来发表，但因我居住得太远，而且为生活奔走，没暇去做这工作，现在太迟了，未免有些后悔。因为许多文坛故事，他不说出来，永远没有人会说了。

黄俊东此文发表在沈西城主编的《大任》，该刊在叶灵凤逝世后推出了一个"叶灵凤特辑"，沈西城专门写了一篇《写在叶灵凤特辑之前》，对叶灵凤的驾鹤西归"感表悲痛"，"犹思追念"。在他的《香

叶灵凤设计的《南北极》

吴其敏在《海洋文艺》编辑部

港名作家韵事》一书中，也还写到黄俊东如何"居住得太远"，以及如何对叶灵凤情有独钟："克亮一向住在沙田道风山，那里是一条僻静的村落，跟嘈杂的市区有着很大的隔膜。"他从石屋里四壁皆书的书架上取出的第一本书，就是叶灵凤的《鸠绿媚》，并说："这是中国唯一的感觉派小说，写得不错。"

一年时间很快过去了，写作计划却一直难以施行，因为叶灵凤的视力仍旧不好,并且在九月间入养和医院,第二次施行左眼手术。到了岁末的十一月二十三日,又在日记提到此事:"想写稿,在心中构思,拟以《记忆的花束》为总题,分段而写。"

一直到一九七四年的三月四日,终于有了第一篇:"写一短文记一九五七年回上海参观鲁迅故居事,兼谈及大陆新邨,题即作《大陆新邨与鲁迅故居》。一二八之役,我当时住在大陆新邨对面的兴业坊。写得很短,仅得六七百字,然而这是将近两年来的第一篇写作也!"该文以"记忆的花束"为总题发表在《海洋文艺》创刊号。《海洋文艺》的主编是吴其敏,在他主编《乡土》和《新语》时,叶灵凤就是"当然的拉稿对象,成为前后两本杂志的台柱人物"。

《海洋文艺》封面

《海洋文艺》创刊,自然又要向这位老作者拉稿。叶灵凤曾偕夫人赵克臻参加了吴其敏和他的上司王纪元的宴请,想必就是那次接受了他们的稿约。

三月九日,又写成《忆望舒故居》,"短文一篇约一千字,记他初来香港时在薄扶林道所住的'木屋'二楼。"这次是发表在《新晚报·下午茶座》,仍在"记忆的花束"的总题下。所谓的"木屋",戴望舒也将其称作"林泉居",早在一九五七年,叶灵凤就在《望舒和灾难的岁月》里有过描述:"诗人这里所怀念的旧居,就是他在香港所住的薄扶林道上被称为'木屋'的那座房屋的二楼:背山面海,四周被树木环绕,从路边到他的家里,要经过一座横跨小溪的石桥,再走很多的石级才可以到。所以地方十分幽静,真是理想的诗人之家。"之所以不厌其烦地旧话重提,料想有两层因素:一是借景忆人,正如他在《死得瞑目的望舒》里说的:"在这里,我们是共同度过了那'苦难的岁月'的。他虽然已经躺在地下十五年了,我相信那些记忆一定仍旧铭刻在他的骨骼上。"二是那座木屋本身已成为戴望舒的作品,甚至他的生命的重要组成部分，就像小思所说："林泉居，变成诗人的名字，变成诗，变成散文，永留人间。"

小思还说："这幢房子，本来属于香港大学教授马尔蒂夫人的，她回国去，就把房子让给诗人一家住，没想到它会成了戴望舒作品里的重要部分。"马尔蒂夫人也被称作马师奶，她因为非常欣赏戴望舒的诗，才请这位诗人住到"木屋"来。叶灵凤与马师奶也是认识的，一九四六年七月十日，他曾"将 Kaper 氏的《日本史》及项美丽签名之《宋氏三姊妹》二书，托马师奶转交 Boxer 转东京交回小椋。"一九四九年三月十二日，戴望舒离开香港北上那天，叶灵凤为他安排送行宴，马师奶也到了。陈君葆日记对此有记录："戴望舒走了，与卞之琳同行。叶灵凤请晚饭，

《望舒诗稿》书影

本是为送望舒，但他船期定了来不及，其余的客人便是马先生、马提夫人与她的侄儿。"马提夫人也就是马师奶。

《忆望舒故居》在《新晚报·下午茶座》见报后，叶灵凤很激动，因为"自患目疾以来，未在《新晚》发表稿件已逾两年，今日重行开始，有许多喜悦和感慨"；"友朋且来电话祝贺"，因为叶灵凤的健康问题也一直让他们牵挂，又能读到他清新的文字，也让他们有如久旱逢着甘霖。叶灵凤兴致极高，一连几天，又奋笔写下《画家倪贻德》、《景云里》、《左联的成立》、《蒋光慈的画像》、《上海美专的校舍》等。在寒雨点滴不停当中，他还写成一篇《江南的暮春三月》。红棉花开的时候，又写成《我第一次见到的红棉》。然而，花开时节也是回南时候，"天雨潮湿回南，倦甚，终日枯坐，提不起做事的兴趣"。虽然《海洋文艺》"催稿甚急"，并给他开出了丰厚的稿酬；虽然"友辈频来电话，询问催促"，但他"懒洋洋的也不想动笔"，他说："自己都推在天气方面，事实上是心情不安定。"

一直到一九七四年五月九日，才勉力写出一篇"《海洋》双月刊要用的稿"。这篇文章发表在一九七四年六月出版的《海洋文艺》第一卷第二期，标题是《郭沫若早年在上海的住处》，仍冠以《记忆的花束》的总题。文章重点写了郭沫若早年在民厚里和环龙路的两所住处，以及他第一次会见郭沫若的情形，还难得地回忆起他如何偷师比亚兹莱，为《洪水》画饰画："我这时已经很喜欢比亚斯莱的黑白装饰画，总是将自己偷师学习的小饰画拿出来请郭老批评。他看了总是嘻嘻地笑，显得有点高兴。后来，受到他的鼓励，当《洪水》半月刊创刊时，除了封面画之外，我更画了许多内文用的小饰画。"如果接着将这个系列写下去，肯定还会揭秘一些诸如他为郭老著作做装帧的事情，可惜他再也写不动了，就连日记也在第二天彻底中断了。我们所期待的一本《记忆的花束》，终究没能盛开。

《拉封丹寓言》插图（Gustave Doré 画）

最后一捧《故事的花束》

叶灵凤素来喜欢故事一类的读物,他写过一篇《案头书》,里边提到他日常放在案头的三部书,无不属于此类,分别是《伊索寓言》、《拉封丹寓言》和《坎特伯雷故事集》。谈到《坎特伯雷故事集》,他认为:"直率坦白,有笑有泪,富于人情味,而且不避猥亵,这正是这部故事集能流传不朽,为人爱好的原因。"对于《拉封丹寓言》,他更直言"我很喜欢读"。因为他不是让狐狸狮子和猴子讲"人话","它们说的全是它们自己的话"。"他非常同情自然界的一切生物,从不使他们道貌岸然的向人类说教。"至于《伊索寓言》,就不只是喜欢了,而是进行了一系列研究。"虽然早在明朝就有了第一次的译本,但是对于伊索的历史和他的寓言集

《伊索寓言》插图（Arthur Rackham 画）

的由来以及流传经过，几乎至今仍是所知不多。"他做了很多考证，但这些考证一点都不枯燥，就跟讲故事一样妙趣横生。

除此之外，《十日谈》、《天方夜谭》、《安徒生童话》，以及《巴尔扎克诙谐故事集》，也都是他喜欢的读物。在《〈十日谈〉的版本谈》中，虽然他主要在谈《十日谈》的版本掌故，但仍不忘强调它的"故事性"，他说："《十日谈》的作者卜迦丘，可说是古今第一流的讲故事能手。在这本书里，他的态度冷静庄重，不作无谓的指摘和嘲弄，也不抛售廉价的同情。他不故作矜持，也不回避猥亵。他在《十日谈》里从十个避疫男女的口中所讲出的一百个故事，可以说包括了人生的各方面，有的诙谐风趣，有的严肃凄凉。但他从不

薄伽丘像
(John Buckland Wright 画)

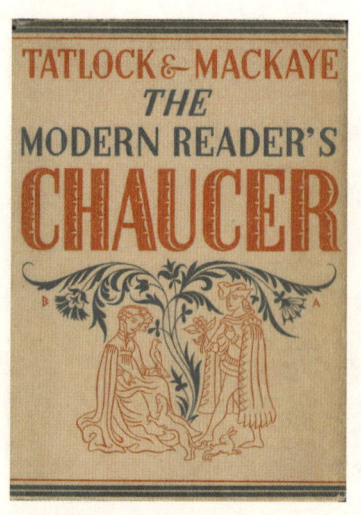

The Modern Reader's Chaucer 书影

说教，也不谩骂。"叶灵凤对于《十日谈》是真的喜爱，不惜一写再写，甚至爱屋及乌，连《七日谈》、《五日谈》这些模仿之作也关注起来。

比之《十日谈》，《天方夜谭》无疑更是"故事"了，因为它的正式译名就是《一千零一夜的故事》。叶灵凤曾经援引理查·褒顿的一句名言："没有一千零一夜，根本也就没有故事。""因为书中那位美丽机智的沙娜查德小姐确是将她的故事讲了一千零一夜，每逢讲到紧要关头，恰巧天亮了，她便停住不讲，等到天黑了再继续讲下去就这样一连讲了一千零一夜，一点不折不扣。"《天方夜谭》的版本数也数不清，据说，只有褒顿的译本保留了"一千零一夜"的形式。本

《坎特伯雷故事集》插图（W.Russel Flint 画）

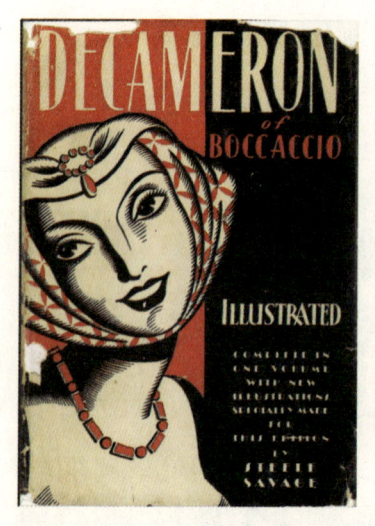

《十日谈》书影
（Steele Savage 画）

来，叶灵凤已有了马特斯的重译本，那可是八巨册的限定版，但他还是又买来了心心念念的十六册的褒顿原刊本。"在北窗下，翻看书本，迎着亮光检视每一叶纸上那个透明的褒顿签字的水印，并不曾看内容，我的心里就已经心满意足了。"

叶灵凤喜欢安徒生，那就更不消说了。有趣的是，他喜欢安徒生的理由，"不仅因为他的童话写得好，更因为他的童话里时常提到我们中国。"对于这一点，他也是用讲故事的方式娓娓道来：

  相传有这样的一个故事，在安徒生的故乡奥登斯，市中有一条小河，现在已经成了纪念安徒生的公园，人们传说安徒生在少年时代，家里非常穷，母亲每天要到这条小河里来为人洗衣服，安徒生也跟了母亲一起来，坐在河边，对着那些树木和河上的天鹅野鸭出神，他时常幻想，如果从这条河里往下挖，往下挖，一直挖到地球的另一角，就可以抵达东半球，到达中国。

其实，安徒生刻意经营的是剧本和长篇小说，这些童话只是利用余暇信手写来的毫不经心之作，令他意料不到的是，使得他在文艺花园里获得不朽地位的，正是这些小花小草。跟他有些相似的是巴尔扎克，但巴尔扎克的厉害之处是，他自己最为满意的作品，并不是他的呕心沥血之作《人间喜剧》，而是一部《诙谐故事集》。在写给他的爱人韩斯卡夫人的信里，巴尔扎克说："我认为我自己将来的声誉，大部分将依赖在这本书上。"

甚至对于小说，他也以是不是具有故事性作为评价标准。他年轻时喜欢《茶花女》，几乎到了走火入魔的程度。在《〈茶花女〉和茶花女型的故事》一文中，他说：

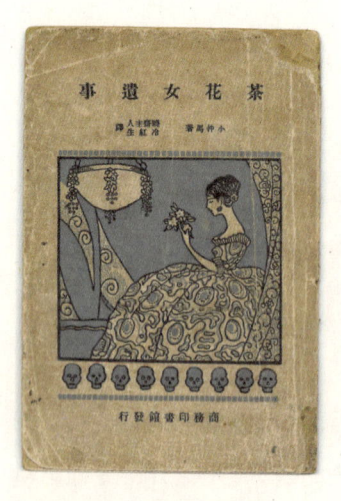

我很喜欢读小仲马的《茶花女》，很年轻的时候读了冷红生与晓斋主人的合译本，就被这本小说迷住了，而且很神往于书中所叙的情节。这时我已经在上海，我读了《茶花女》小说的开端所叙的，阿蒙在玛格丽的遗物被拍卖时，竞购她爱读的那册

《茶花女遗事》书影

《漫郎摄实戈》的情形，每逢在街上见到有些人家的门口挂出了拍卖行的拍卖旗帜，总喜欢走进去看看。……我也不知道自己是怎样的心理，有时挤在人丛中也仿佛自己就是当年的阿蒙，可见小仲马的这部小说令我爱好之深。

诡异的是，叶灵凤的第一任妻子郭林凤也爱读《漫郎摄实戈》，侣伦说，当年双凤来香港游玩住在他家的

《茶花女》插图（Marie Laurencin 画）

郭林凤像

时候，郭林凤每晚读的正是《漫郎摄实戈》。"这个译本的装帧设计很漂亮；黑色书皮，封面印上金色图案字的题名，简洁高雅，富有古典味。"见他也喜欢，叶灵凤还写信向上海光华书局给他要了一本寄来，可惜经过一场太平洋战争，不明不白的失了踪。更可惜的是，郭林凤竟也和爱读《漫郎摄实戈》的玛格丽一样红颜薄命。这段故事暂且放下不表，要说的是，叶灵凤将《漫郎摄实戈》以及《摩尔·佛兰德斯》、《卡门》、《黛丝》、《娜娜》，甚至《罪与罚》，一律地称为"茶花女型的故事"。他喜欢的作家里，有很多也都是善讲故事的，比如茨威格，他"不仅是一读再读，而且都忍不住译了出来,逢人就推荐",喜欢的理由,就是因为"不仅每一篇的故事都好,而且写得又好"。

他甚至也将圣经佛经这类的宗教经典都当成故事来读,在《美丽的佛经故事》中,他这样说:

> 不一定要做和尚做尼姑才应该去读佛经;佛经更可以不一定当作宗教经典来读。我在这里要向佛教的诸大德告罪一句,我就是将佛经当作文学作品来读的。当作寓言集,当作故事集,甚至是当作《十日谈》来读的。就是对于基督教的《圣经》,我也是如此。

叶灵凤的读书随笔之所以耐读,诀窍可能也在于他是用了讲故事的方式。吴其敏在《叶灵凤的"文艺随笔"》中就指出过这一点,他说:"在《后记》中,作者提出他写此类读书随笔时,有所追求的一个目标:'将自己读过了觉得喜欢的书介绍出来,是应该将这本书的作者,他的生平和一点有趣的小故事,融合着这本书本身来一起谈谈的。有时，一本书在这世间的遭遇，会与这本书的内容同样有趣。'他说的成理，做的也切实。这本书，凡所谈到的作家和作品，有很多时候就是结合着作家生活里的小故事以及著作在世间所发生的种种遭遇来谈的。"

叶灵凤不仅介绍了许多有名的故事书，他也亲自动手翻译，经他翻译的世界各地的小故事可以说不计其数。他也萌发过将它们编集出版的想法，根据一九六八年十二月五日的日记，他这天不仅"译波斯古宗教传人鲁米的小故事数则"，同时还考虑，"将一些有趣的小故事，包括《天方夜谈》、意大利谐话，印度、波斯、非洲等古典故事，汇集一起，略加介绍，该是一本很好的故事集。"在一九六九年二月二日的日记中他又考虑，将《天方夜谭》里的小故事"日后汇成一个故事集"。一九六八年底到一九六九年上半年这段时间，他密集翻译了一批世界各国的小故事。主要发表在他自己编的《星岛日报·星座》，使用了"伊万"这个很像故事中人的笔名；也有部分篇章给了源克平的《文艺世纪》，那时，

《十日谈》插图（Jean De Bosschère 画）

这个老牌杂志已经非常不好看了。

是在一九六九年七月五日，叶灵凤日记中首次出现了拟出版的故事集的书名："灯下剪存已发表的小故事译稿。这都是准备编入《故事的花束》内者。"一转眼又过了四年，一九七三年十一月二十六日才有了下文："编成《故事的花束》一部，约八万字，交万叶书店出版，为南斗文艺丛书之一。"万叶书店的正确名称应为万叶出版社，估计也是小本经营，因为连稿费都不能马上开出来，一九七四年一月三日叶灵凤日记云："万叶书店谓报纸涨价，书店将现金囤购印书纸张，稿费要过了年再说。"

无论如何，出版单行本的愿望毕竟实现了，虽然一本小书很难囊括他所有的此类译述。香港学人鲁家恩《回忆的花束——叶灵凤在香港》，介绍了本书的基本内容和特点："之后，他又出版过《故事的花束》，包括了印度古经优波尼沙故事选、非洲故事选、阿卡巴尔逸闻故事选、玛斯拉非故事选等，并非当时世界闻名的作品，但每篇故事都短小精悍，有趣而发人深省。在每一个故事选的开头,叶灵凤会先介绍一下这些故事的来源,例如,'优波尼沙'是印度古经《吠陀经》的一部分、阿卡巴尔是印度十六世纪蒙古帝国的大君、'玛斯拉非'是波斯十三世纪诗人查拉耳·阿尔丁·鲁米的一部长诗等。"方宽烈编的《叶灵凤作品评论集》选录了鲁家恩的这篇文章,文末所附的注释说,《故事的花束》一九七四年由香港万叶出版社出版。

《故事的花束》坊间流传稀少,就连比较权威的《香港当代作家作品选集·叶灵凤卷》(陈智德编,香港天地图书有限公司二〇一七年版)附录的《叶灵凤著作书目》亦未著录。尽管如此,也还是不乏有眼福的幸运儿,成都藏书家朱晓剑就是一个,他的《故事的花束》一文记下了这桩美事:

前几天我逛毛边书局二手书店,傅天斌告诉我说,成都的爱书人孙老师年纪大了,有一大批书要处理,旧时他跟不少爱书人有来往,好多诗人作家都藏有签名本,只是他不写文章。真是有些可

安徒生像（Arthur Rackham 画）

惜。我就翻翻书目，这样就看到叶先生翻译的《故事的花束》，列为万叶出版社的南斗丛书之一，是叶先生翻译的几种故事选集，繁体竖排，只有一百七十八页，花了半个下午阅读，也是兴趣盎然。

朱晓剑还写下他读了《故事的花束》以后的感想，可以说是读懂了叶灵凤的；他对于民间故事"俗中有雅"的看法，也是值得分享一下的。

《安徒生童话》插图(Arthur Rackham 画)

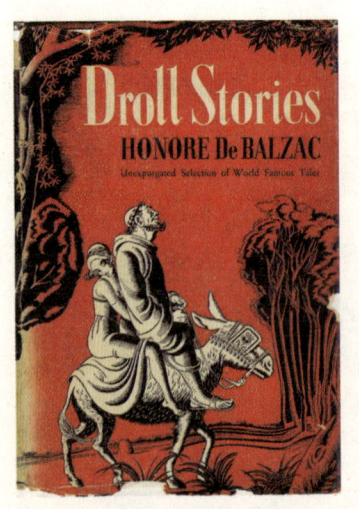

《巴尔扎克诙谐故事集》书影
(Steele Savage 画)

叶先生看似只翻译些许故事，也并不能看作通俗读物看，在这民间故事里也寄托了叶先生对世道人心的态度，简言之，太急功近利的生活并不太适合香港，这在今天读来，仍然有其应有的价值。

有时候，我们会读流行的书，一读便过，至于书里的含义怎样，似乎无须太多的关注。而民间故事或高冷一些的作品，让我们沉静。从书里获取的不只是信息，而是一种营养了。

其实，即便是在香港，受到叶灵凤影响而喜欢上故事和"故事型"作家作品的也不乏其人，比较突出的一位就是黄俊东。他那本非常抢手的《书话集》，特意把介绍此类作品的文字放在第一卷，并且不止一次在文中点到《星岛日报·星座》刊载的相关译文和介绍文字。叶灵凤素来喜欢的《十日谈》、《天方夜谭》、《坎特伯雷故事集》，以及法朗士、茨威格、罗曼·罗兰等等"故事型"作家，他也都逐个写了一遍。他说："在西洋的文学作品中，有一个时期我特别喜爱古典文学中的神话和故事集……他们都曾是我枕边的好友，每次读起来都有津津的滋味而不忍释手。"

有人曾说，也许是叶灵凤太多才多艺了，他的翻译家的身份历来少受重视；同样的，他的"故事大王"生涯——翻译故事、研究故事、推广故事——也是值得好好梳理总结的。

《一千零一夜》插图(Edmund Dulac 画)

"南斗丛书"的来龙去脉

《故事的花束》是万叶出版社"南斗丛书"的一种。在香港三联版《叶灵凤日记》的别册中，收有一份一九七四年一月十八日香港《文汇报》的剪报，内容就是"南斗丛书"的出版预告；而叶灵凤的《故事的花束》，恰列于丛书的首位。所以要考索《故事的花束》的出版过程，我们不妨就从"南斗"说起。

叶灵凤是办杂志起家的，在上海的时候，先后参与或主编过《洪水》、《幻洲》、《戈壁》、《现代小说》、《现代文艺》、《文艺画报》、《时代画报》、《万象》、《六艺》等杂志，积累了相当丰富的办刊经验。一九三五年一月，《中央日报》的"中央公园"曾有一个名为"编辑之群"的连载，总共介绍了三位编辑，打头阵的是赵

家璧,其次就是叶灵凤,由此也可看出时人眼中叶灵凤所处的地位。作者大西对叶灵凤的评语是这样的:

> 平心而论,叶灵凤可以说是很懂得编辑奥妙的一个人。他的编辑技巧,非常活泼新鲜。他为人本极聪明,加之他这几年来都是做书店里的职业,平时对于外国的许多杂志,非常接近,凭了他那一点聪明,所以他常常会在编辑上,有一种新的格局表现出来。他的编辑风格,非常摩登,非常美观,非常玲珑,并且非常经济。使读者看了,十分有好感,觉得留恋可爱。叶灵凤本来很喜欢图画,会画些封面扉画、插图之类,这使他在编辑上,有人家的不能及得的地方。因为我们知道,一个做编辑的人,他自己如其能够动手画一点小品画,这对于他有极大的方便。许多地方,如封面以及装饰等点,他可以自己规划支配,不必求助于人,而能运用自如。

到香港后,虽然他一直做编辑,也参与过《耕耘》、

《大众周报》、《万人周报》、《国风》、《星岛周报》等杂志的编务，但有的非常短命，有的做不了主，有的更处于香港沦陷的特殊时期，浑身的技艺难以发挥。比如一九五一年他所供职的星岛日报决定出版《星岛周报》，他倒是列名十二位编委之一，

《万人周报》封面

也曾拿出旧日在上海与张光宇合编的《万象》杂志，"交大家传观"，认为"这刊物至今仍是所有综合性刊物中格调最高，印刷最豪华者"，言下之意是以此做标杆。无奈社中"人手混杂，水准不齐"，所以他断定"这周刊即使出版，亦非一个理想的刊物"。事实也证明他的预判是准确的，所以勉力参与了一阵也就无疾而终地悄声退出了。

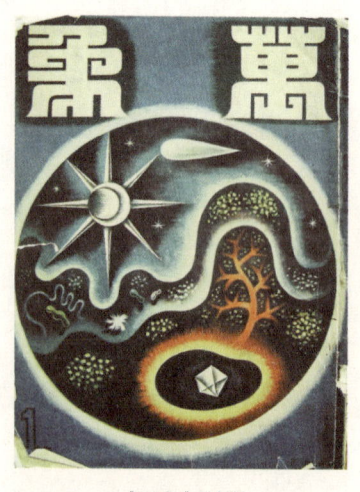

《万象》封面

到了一九七〇年前后,杂志瘾又犯了,和几个好友好一番密谋,跃跃欲试地要办一个文艺刊物,刊名他都想好了,就叫《南斗》。一九六九年二月二十七日,叶灵凤在日记中曾提到此事:"偕中敏往访陈凡,他患胃溃疡,开刀后在家养病。闲谈时许始辞出,曾提起拟办一小品杂文刊物事,他认为以前就拟定的'南斗'之名很好,不妨即以此为名,出版者最好是上海书局。"陈凡是《大公报》的副总编,曾与金庸、梁羽生合写《三剑楼随笔》专栏,自己也以"百剑堂主"的笔名写过武侠小说。"六七暴动"期间他为《大公报》编辑出版《我们必胜,港英必败》,曾找叶灵凤提供过不少资料,叶灵凤也曾为他的诗集《往日集》写过推介文章,应当是比较说得来的那种关系,日常往来当中估计没少聊起这个话题。但创办《南斗》的事,此唔之后便没了下文。

一直到一九七三年一月三十一日,叶灵凤又与朋辈旧事重提,这天的日记云:"今晚偕克臻、中娴往新美利坚与诸友聚餐,兼示团年之意,又谈起《南斗》创刊问题,务期于农历新岁成事。"但正如罗隼在《〈文坛〉、〈青知〉与〈南斗〉》一文透露,这个拟议中的刊物,"限于资金未成事实"。参与拟议的罗孚多年后也曾感慨:"朋友们都不是有钱人,他除了工资就是为数不多的稿费,除了分担八口之家,还要买书,哪有力量去支持一个哪怕小小的刊物。"罗孚日后还用"南斗文星高"做了自己一本文集的书名,并在《跋》中对"南斗"的来历进行了解读:

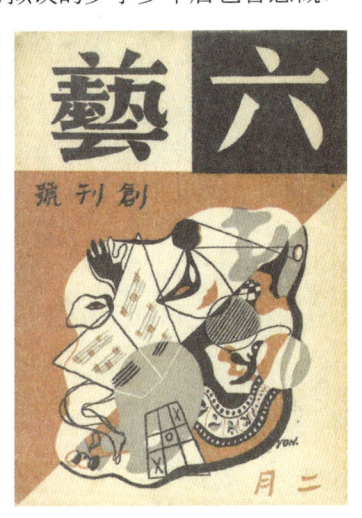

《六艺》封面

其所以用"南斗文星高"名,是和已故老作家叶灵凤有关。他生前有意办一份文艺杂志,给它取了一个名字,就叫"南斗"。当年上海一份有名的文艺杂志就是以"北斗"为名的,闪耀着文艺的光芒。南斗本来和文艺无关,古代传说是主管寿命的神,现在既然北斗有文艺之名,南斗也就不妨视之为文星了。辞书上说,南斗之星,因位于南方天空,故称南斗。这正好和香港是中国南方的大都市相似。叶灵凤这一番心思可惜并没有完成,他虽有此心,却无此财力,他的《南斗》终于胎死腹中。这就让我有可能用上了这个顶好的名字了。

办刊不成,只好退而求其次,于是有了"南斗丛书"的动议。这事最初的提起,是在一九七三年的三月八日,叶灵凤在当天的日记中说:"天气晴好,午后源克平来电话,谓万叶书店拟出版一套文艺丛书,每册约七万字,约我担任一册散文小品集。视力不佳,校读甚难,当奋力为之。"源克平也就是诗人夏果,战后来港,

叶灵凤为苏雪林《绿天》画的插图《夜游》

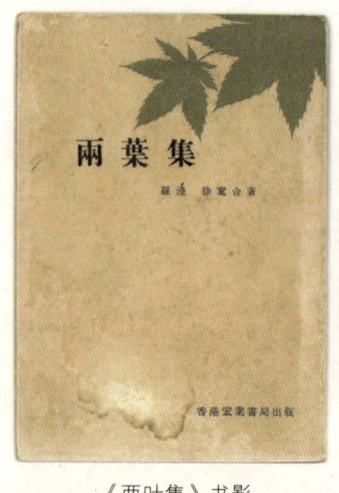

《两叶集》书影

一九五七年起担任《文艺世纪》主编，是叶灵凤他们几个定期餐叙的核心成员。一晃到了年底，在十一月二十二日这次餐叙时，始见"南斗丛书"的说法，叶灵凤在这天的日记中写道："友辈邀往新美利坚餐室小聚。晚六时半由中娴陪去。谈及拟出版一套丛书，取名'南斗'文丛，克平邀我参加一册。"

这之后叶灵凤就开始操作了。一九七三年十一月二十六日日记云："编成译稿《故事的花束》一部，约八万字，交万叶书店出版，为南斗文艺丛书之一。"但丛书的出版显然也面临经费困难，一九七四年一月三日的日记说："万叶书店谓报纸涨价，书店将现金屯购印书纸张，稿费要过了年再说。"还好拖得不是太久，一九七四年二月七日,"万叶书店送来《故事的花束》稿费八百元支票一纸。"一九七四年一月十八日日记:"今日万叶出版社已在《文汇报》刊出《南斗丛书》出版预告,除我的《故事的花束》外,另有其他九种,大约十种为一辑。纸价太贵,不知能维持否。"一九七四年二月十九日日记:"天暖,中敏送来《故事的花束》清样全份,共一百七十余面,当尽快校读一遍。今日校了三十余面,错字甚少。"一九七四年二月二十日日记:"天气转暖,因要校《故事的花束》,遂将《艺林丛录》搁置未读。"以后连续三天忍着严寒校对,于二月二十六日校完,"托中慧带交中敏,留交《大公报》门市部转交李阳。"张咏梅为《叶灵凤日记》所作的注释说:"李阳,五十年代开始创作,曾于《文汇报·文艺》发表作品,笔名吕达、徐冀。曾主编《茶点》,协助吴其敏编《新语》,协助源克平编《文艺世纪》,后任职万叶出版社。作品有《海与微波》、《黑夜与黎明》等。"

李阳与罗琅(罗漫)私交甚密,他俩刚出道时曾合作出版一本《两叶集》。罗琅和李阳一样,亦曾介入过

《南斗》杂志的筹备。在《源克平与〈文艺世纪〉》一文中,罗琅也记述了《南斗》杂志胎死腹中以及"南斗丛书"借尸还魂的一些细节:

> 他们筹备创办《南斗》杂志,我还为他们找来曾经在新加坡与胡愈之合办《南侨日报》的温平先生,同《南斗》筹备者叶灵凤、赵克臻夫妇、罗孚、严庆澍(唐人)、黄蒙田、黄如卉、萧铜及源克平,到上环南北行街香馨里的"斗记"潮菜馆聚会,探讨合作事宜。温平兄黄酒下肚,心情兴奋,豪气干云,大表兴趣,想接《文艺世纪》余绪,为海外华文文学出力。《南斗》之名据说是叶灵凤先生提出的,战前丁玲女士曾在上海主编《北斗》,而《南斗》大概是代表南方香港出版的刊物。
>
> 要办他们所构想的一份文艺刊物,温平先生酒醒后,大概想起《文艺世纪》出版十二三年,出版人和发行人赔了那么多钱,况且当时尚在"文革"黑暗岁月,为避免引起麻烦起见而却步。后来《南

斗》之名被在万叶出版社任职的李阳兄用来出版了一套《南斗丛书》，老板叶毅兄也赔了不少钱。源克平的《闲步集》和《石鱼集》两书就是其中的两种。还有叶灵凤、黄蒙田、舒巷城、阮朗等人的作品均收入这套丛书。

《故事的花束》书影

　　《故事的花束》的出版是在一九七四年的三月。三月十九日的叶灵凤日记说："中敏来电话，谓《故事的花束》已出版，有十册书送到她处。"第二天，中敏就托中慧带回《故事的花束》十册。拿到书的叶灵凤当然很开心，"一册赠中绚。又以一册赠中娴校中图书室。"

叶灵凤夫妇与子女摄于长女中绚婚礼

中绚是他的长女，中慧是他的次女，中敏是他的三女，中娴是他最小的女儿。叶灵凤退休前那几年，大多是中娴扶他去报馆上夜班。中娴曾在《我父亲的藏书》一文中回忆说："北角新闻大厦是段熟悉的路途，还有那一辆经常等父亲下班的'的士'，偶尔去宵一顿夜，回家已接近天亮，明天我大清早却是要上学，父亲一直为此抱歉，而我却是更加抱歉，因为我只能扶持着他步行，而不能替代他编写，更不能替代他画画。他的晚年虽然儿孙满堂，可是我知道他并不太快乐，因为他看不见，捧着心爱的书本眼睛看不见。"

手捧着自己的最后一本书，叶灵凤也有遗憾。三月二十一日的日记说："《故事的花束》封面似太文静。《南斗丛书》四字太小。不到二百面，定价五元，似太贵，大约纸张印刷成本太大才如此。"这既是一位作者的直观感受，也是一位行家的专业品鉴。这位中国现代书籍装帧的先驱者，对书装一道有着太多的心得，他自己晚年也曾回忆说："当年创造社出版部、光华书局、北新书局和现代书局的出版物，大部分是由我负责排印和装帧的。"他自己要出书的时候,更要亲力亲为了。当年在《时事新报》做编辑的戈宝权说:"这时候,叶灵凤写了一本名叫《时代姑娘》的小说,交给我们的出版部出版……他不仅对全书的排版、印刷很关心,甚至连套色的封面都是他亲自绘制的。"可惜到了香港,由于种种条件的限制,他再难为自己的书亲手打扮,哪怕一些装帧的建议,也常常不被采纳。

《五十人集》首开先河

一九六〇年代初，香港出现一波出版多人合集的小高潮。一九六一年七月问世的《五十人集》首开先河，稍后不久，又有"添食"的《五十又集》。几乎是同一时期，作者规模缩小为六人的合集《新雨集》、《新绿集》、《红豆集》、《南星集》也相继推出。在这一系列合集中，"全勤作者"只有一个，那就是叶灵凤。

"几个朋友凑合着来出版一本集子，在我们的新文艺运动初期是常有的事"，作为过来人的叶灵凤这样说。"但是在香港这样的地方,几个志同道合的文艺工作者，能够有机会将个人写的东西集在一起，编成一本合集来出版，实在也不是一件易事。"因为"香港这地方，文艺工作者和文艺爱好者都不能说少，可是一般的文艺活

《五十人集》书影

动和文艺出版物的销路，都是经常地处在低潮状态中。"

多人合集之成一时风尚，张千帆居功至伟。吕达发表在香港《文汇报》一九八二年二月十九日的《忆〈五十人集〉》说：

六十年代期间，张千帆在开展本港文艺活动上，是花过不少气力的，他活动面广，人际关系搞得很好，是一位值得尊敬的长者。《五十人集》主要是由他发起、策划、联络、奔走、组织稿件，没有他的热心，这本合集及稍后出版的《五十又集》，都不可能成事。

张千帆时任香港中国通讯社社长，虽是北京派来，

但他却是一个老香港,只不过年轻的时候他还不叫张千帆,而叫张任涛。《香港文学大系·新诗卷》卷末的作者简介这样介绍他:

> 张任涛(一九〇七——一九七一),本名张世田,另名章欣潮、张建南。广东大埔人。曾就读于香港华仁书院,一九三〇年代任《华侨日报》记者,一九三五年参与创办《时代风景》,一九三六年与杜格灵、刘火子、侣伦等成立香港文艺协会。一九三八年加入中国共产党,曾于延安、长春等地工作,在山东《大众日报》、《长春新报》、《吉林日报》等任记者、编辑、总编辑及社长。一九五三年派返香港,担任香港中国新闻社副社长,一九五六年任香港中国通讯社(中通社)首任社长,一九六三年调派北京工作。

一九三〇年代的香港,张千帆还是一个文学青年的时候,就已显露出不俗的协调能力。香港早期文学刊物

叶灵凤与张千帆（右一）、李子诵

《时代风景》，出力最多的"主干"就是他。侣伦在《向水屋笔语·关于〈时代风景〉》中回忆说："一位本身是新闻记者的张任涛，自告奋勇地愿意凭他广泛的社会关系，向各方面拉广告，借此筹措纸张和印刷的费用。"李育中在《南天随笔·我与香港文学》中也讲到这件事："当时出的力量最大的是张任涛与易椿年。张任涛是华侨日报记者，筹钱与张罗广告容易一些，常在外边奔跑。"

大约正是因为他的香港背景，张千帆才被组织派回香港，负责新闻与文化工作。他也确实不辱使命，不仅团结了大批文化人，《文艺世纪》、《乡土》、《新语》

这几个颇有影响的刊物，也都是由他推动创办。他不仅热衷于策划组织，自己也对文艺写作保持着很高的热情，《五十人集》、《五十又集》、《新绿集》和《南星集》，都有他的加盟；在此期间，他还出版过一本《劲草集》。他曾说："写散文创作靠'急就'与'应付'是不成的，它同样需要严肃的创作态度和热烈的灵魂。"

叶灵凤的女儿叶中敏曾说："父亲与张建南交情深，我们称他张伯。又因他亦好文学，父亲常希望他多支持香港文学出版事业。"叶灵凤虽然长张千帆两岁，但却尊称他为"张建老"，在《读〈作家书简〉》中，他写道："从张建老处借来前次匆匆翻过一遍的《作家书简》，准备细细地看一下。"料想这种雅集闲话、借书还书的往来会很频密，可惜在他们共襄盛事最为

《时代风景》封面

忙碌的六十年代初，叶灵凤的日记恰好失记，让我们少了很多线索。更可惜的是，就在张千帆干得热火朝天的时候，一纸调令却要他离港回京。罗隼在《香港文化脚印·一张旧相片》中，记录了当年送张千帆北返的情形："由于他在港的工作做得很细致，对朋友真诚，所以大家听说他要北调，都离情依依。那天到尖沙咀车站送行的就有不少人。叶灵凤先生同夫人赵克臻及女儿一家都到车站。"罗隼还说："别后我于一九六五年夏天在北京遇见他时，他送我一张容庚的画，托我带给叶灵凤先生和夏果的画和印章，其中一幅是刘海粟的长屏荷花。"叶灵凤自己到北京时，也与这位老友有过欢唔，也是在一九六五年，叶灵凤九月三十日的日记说："上午张建老来，以溥心畬山水小品一幅见赠。"

罗隼还清楚地记着："当我们去送车时，我问他何时再返香港工作，他说快则一年，慢则二年就会回来。"岂料人算不如天算，罗隼等来的不是张千帆的归来，而是他的噩耗："第二年'文化大革命'开始，自此我知道的是张老先生下放到江西干校去，'文革'末期我又

叶灵凤（后右五）等人送张千帆（前右五）离港返京

到北京去，四处询问下落想见一面，但人人都说不知道。最后听到他的消息，是来自北京的朋友，说他病死在江西干校。"罗隼感叹："他若在港可能会有五十又三集、四集出版下去，但好人、热心人却注定早死，是天意吧。"

还应该提一提《五十人集》和《五十又集》的出版方香港三育图书文具公司。三育并不是一间大书局，但却因几种出版物而颇有名声。一是金庸武侠小说最初的单行本，一是周作人最后一部著作《知堂回想录》。后者的发表和出版几经周折，最后还是三育接下来付梓，曹聚仁在《〈知堂回想录〉校读小记》中特意向三育老板车载青致谢意。曹聚仁的著作，除了创垦出版社之外，也是在三育出得最多。吕达在《忆〈五十人集〉》中回忆到当年张千帆为了出版《五十人集》而与车载青商谈的情形：

> 负责出版《五十人集》及《五十又集》的，是三育图书文具公司，老板车载青对此事也颇重视。记得稿子编定后发排前，张千帆并宴请有关编务和出版方面的负责人，在他家中，商谈印行事宜，并即席决定其中部分用精装本的形式面世。而在当年，出版文艺书竟用到精装，也可说得上是大手笔了。

《五十人集》的成功，也有吴其敏和夏果的一份功劳。吕达说：

> 还应该提及吴其敏及夏果二兄，他们实际上在执行这本合集的审稿、编定、装帧等工作。现在翻翻集子，看到那一大堆作者名字，以及美观的编排、

《文艺世纪》封面

设计，不禁想起了朋友们当日一定为此耗去许多精力。

《乡土》创刊号封面

吴其敏和夏果都是香港的资深作家和编辑人，前者主编过《乡土》、《新语》和《海洋文艺》，后者主持《文艺世纪》编务长达十三年。他们当初走上那些岗位，都是张千帆点的将，到了筹划《五十人集》，又将重任委与他们，他们也没有辜负张千帆的信赖。特别是夏果，不仅能写善编，还能操刀装帧，在他的精心设计下，《五十人集》由里到外透出一股清雅的书卷气。半白半蓝的封面，红色美术字的书名，再加上一帧毕加索的简笔画，令人爱不释手。扉页、封底和每一辑开篇的小小装饰画，也颇能增添几分灵动。我收藏的只是平装本，据侣伦讲，硬纸精装版是"粉蓝色书面，书名烫金",想必更为讲究。侣伦在《向水屋笔语·记〈五十人集〉》中还说：

> 像这样规模的"合集"，不但香港不曾有过，似乎国内也不曾有过。……《五十人集》并不是什么选集。它只是一本散文。由每个作者拿出一篇自己的文章加入，凑合成书。作者里面包括小说家、诗人、散文家、画家、书画家、文艺理论家、新闻工作者、教授、摄影家、漫画家、演员。……

《五十人集》的书名页，在绿色书名和一丛绿色花草之间，以姓氏笔画为序，开列了这五十位著者，可以说荟聚了彼时本港文坛一时豪杰，气场非常强大。由于五十人所写的文章内容不同，编者按照它们的题材性质，分门别类地归纳为七辑。分别是《诗和诗人》、《画和画家》、《海外风光》、《掌故与艺术》、《小品散文》、《随笔杂记》和《生活素描》。叶灵凤的文章《招子庸与琦善擅割香港案》收在《掌故与艺术》一辑。他曾经开心地说:"就是我自己的那篇旧作,我也仿佛读着别人的文章似的,读得津津有味。"叶灵凤当然不是特别"敝帚自珍"的人,他是为这部体裁新颖、内容丰富多变化的"新型的文集"开心,不仅"很高兴地将它一篇一篇地读了一遍",而且执笔撰文热情地向读者推荐。他说:"我们读着《五十人集》,仿佛遇见了五十个朋友,或是到了五十个朋友的家中,听着他们每人向你谈论或是诉说什么,使你有一种新鲜而又亲切的感受。"

漂亮的《五十又集》

"《五十人集》出版后,不仅许多读者对这部散文集感到了兴趣,就是出版家也感到了兴趣,因为销路竟然很不错,这才继《五十人集》之后,又请人四处征稿,编成了这部《五十又集》。"《五十又集》的出版时间是一九六二年一月,距《五十人集》的出版仅仅过去了半年。这一次,叶灵凤应邀为新书撰写后记,前边那段引文,就是后记里的话。在后记中,叶灵凤一方面强调:"《五十又集》的体裁,自然也与《五十人集》差不多";另一方面,又"觉得有了不少新的特点"。在这些新特点中,"第一是此五十人并非全是彼五十人,有不少是新的参加者,使得本书的读者获得了不少新的朋友"。在这些"新的朋友"中,最引人瞩目的怕就是包天笑了。

他活了九十八岁,人称"望百高龄犹著书"。他的《钏影楼回忆录》出版于九十六岁那年,九十八岁"又复弄笔",再补续编。《五十又集》出版时,他也已届望九之年,所以不负众望地担当了全书的领衔。版权页上著作人是"余翁等","余翁"就是他的笔名。这位昔日上海滩的"通俗文学盟主",抗战胜利后不久即定居香港,像叶灵凤他们一样,亦是《大公报》、《文汇报》、《新晚报》的常客,先后发表《且楼随笔》数百篇。同为客居渔岛的上海文人,叶灵凤与余翁也是少不了面晤笔谈的,他的《阳春面之忆》,就是一次有趣的唱和:

> 前辈余翁先生,说我对于上海的冷面有蓴鲈之

包天笑像

思，引得他也趁兴谈谈热面。所谓热面，也就是一般人所说的汤面。余翁先生是苏州人，他如数家珍地介绍了家乡许多种有名的汤面，使我读了不仅有蓴鲈之思，简直是食指大动。

侣伦在《记〈五十人集〉》中也提道："这本集子的作者大半是前一本的作者，另一半是新加入五十人行列的。"他所列的新加入者计有：山戈一、包有鱼、史得、旦明、任逊、沂新帆、辛文芷、李宗瀛、李惠英、芒夫、阿黄名名、周然、林下风、金侃、柳岸、耶戈、若望、徐冀、茗堂、梁半园、陈思、黄信今、叶林丰、赵一山、刘恋、郑强、卢敦、卢野桥、澹生、穆斋、余翁。

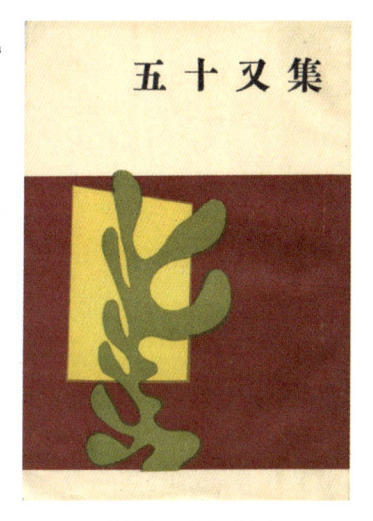

《五十又集》书影

《五十又集》环衬

这个说法其实有些不甚严谨，有不少人是前一集的旧人，只是换了个笔名而已，比如叶林丰就是叶灵凤、陈思就是曹聚仁、徐冀就是李阳、柳岸就是夏炎冰、林下风就是侣伦、辛文芷就是史复也就是罗孚。当然，侣伦先生不会连自己都傻傻分不清，只是表述不太严谨罢了。无论如何，两本书的作者加起来，七八十人总是有的。罗隼认为："在当时来说，不，即使今天，亦是一件有意义的事。"

叶灵凤所说的第二个特点是,"有许多是侨居海外朋友的作品。印尼、缅甸、马来亚、新加坡,甚至一向被我们忽略了的澳门地区,在这一辑里都成了被描写的题材或是题材的背景"。他点到了旅居印尼的作家耶戈,他写了峇厘的著名女舞蹈家查宛夫人;还有阿黄名名,"听说是用中文写作的一位缅甸作家,所以名字才那么怪"。东南亚和海外,历来是香港书刊的重要市场,香港学者张咏梅曾在《文学世纪》第二卷第四期发表《试论香港文化空间的"中介"特色》,指出五六十年代香港左翼出版机构"很重视东南亚市场,视东南亚华侨为重要的宣传对象"。《五十又集》的实际操刀手吴其敏和夏果分别编辑的《乡土》和《文艺世纪》,编辑方针也都有这个倾向,将其延展到这本合集并不奇怪。

在编辑体例上,与《五十人集》类似,《五十又集》也是采取分辑方式,包括《历史·掌故·文物》、《山水·风土·人情》、《诗画·书籍·文玩》、《花木·鸟兽·虫鱼》、《戏剧·生活·其他》。叶灵凤的文章《欧洲十八世纪

侣伦像

〈台湾志书〉的大骗局》出现在《历史·掌故·文物》一辑。叶灵凤说：书中各辑"都是我自己平日不仅爱读，也是爱写的范围内的文字，自然使我读了更加感到兴趣。尤其是第三辑里，有两篇文章里竟谈到了我自己，这就使我读了不仅高兴，而且感到光荣了。"第三辑是《诗画·书籍·文玩》，那两篇谈到他的文章，自然离不开书。首先是沂新帆的《书橱偶拾》，文中有这样一段话：

在香港，我所认识的朋友们，藏书最多的是叶灵凤先生，他所藏的书籍范围是很广阔的，特别是关于美术方面的图书搜集尤为丰富。恰当地说，以"古今中外，琳琅满目，美不胜收"这十二个字来描述，是很确切的。

《书橱偶拾》中还提到侣伦，除了赞赏他的"爱书和爱读书的兴趣"，文章最后还向他提出了一个请求："请侣伦兄允许我以读者的资格向你提出这个要求，真挚地期待着你能够弥补在你的心上留下的这个缺痕，祝福你尽快地完成你在《无名草》上曾经有过一个心愿的这篇关于十本书的文章。""沂新帆"是个少见的名字，不知道又是哪位神秘人物的笔名，至少他跟叶灵凤、侣伦都是相熟的朋友。后来不经意间读了《罗隼短调》里一篇《心上的缺痕》，把这个案破了——原来"沂新帆"就是"张千帆"，也就是《五十人集》、《五十又集》的幕后推手张建南。罗隼的文章是这样说的：

> 爱书作为生活情趣，使张建南先生引起共鸣，于是著文希望侣伦先生写在《无名草》中的心愿，写一篇关于朋友送他的十本书的文章。

叶灵凤为《创造月刊》画的饰花

侣伦（林下风）在那篇《书籍·生活·情趣》中，不仅写下那个心愿，还浓墨重彩地肯定了叶灵凤在书籍装帧方面的开拓性贡献，真可谓知人之论，先发之声，难怪叶灵凤"不仅高兴，而且感到光荣"。文章说：

> 创造社成立了出版部以后，自己计划出书，便出现了书籍装帧的划阶段时代。因为直至那时候，文艺书籍才产生了新面目。创造社在书装帧的提倡上的确做了一番工作。在这方面，我们不能不提起

叶灵凤先生。他当日是创造社人物同时是个美术家，担任了创造社出版部装帧设计工作。当时经他的手设计印出来的文艺书籍，都具有在当时出版界前所未有的风格。像那时期出版的《少年维特之烦恼》、《落叶》、《灰色的鸟》、《木犀》、《音乐会小曲》……集子，不但书页的纸张很讲究，封面图案很别致，而且还有饰花的扉页，装帧设计非常美观。这种新的形式洗刷了过去出版物的恶相，可以说是新文艺运动史上一件值得记忆的事情。

林下风的话无疑也勾起了叶灵凤对于往昔生涯的美好回忆，他又写了一篇《读〈五十又集〉》，用了相当大的篇幅品评《五十又集》的装帧设计。

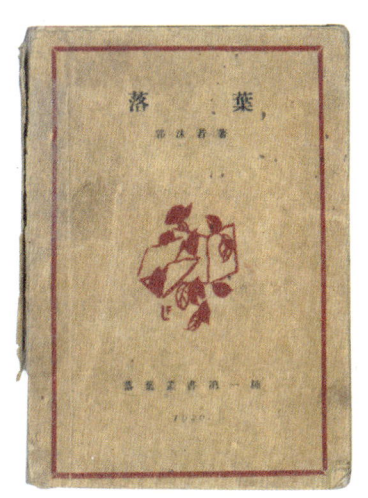

《落叶》书影

叶灵凤设计的《北新半月刊》封面

不看内容，只要先看封面，《五十又集》就够得上说是一本漂亮的新书。夏果先生这一次的封面设计是十分成功的，封面图案的依据是亨利·玛蒂斯晚年所醉心的彩纸剪贴。这是孩子的游戏，同时也是大师独具匠心之作。《五十又集》的封面设计就脱胎于此，变化得恰到好处，色彩也明朗而又沉着，上下的空白留得更是恰合分寸。书名的地位也排得很好。他这一次用了老宋体的铅字，不像《五十人集》那样用美术字，是他这一次的封面设计获得成功的重要因素之一。

仅是为了这一幅品格很高的封面设计，这本新书就值得向爱书的读者们推荐。

夏果也确实是书籍装帧的行家，他不是只关注封面，而是把书作为一个整体来通盘考虑，不放过任何一处细节，例如，这次就在前后环衬增加了跨页的图案，简笔的速写勾勒出海滨、小船、椰树花草，极富热带气息。将图案置于左下方，而在顶端和右侧适当留白，也是很舒服很具匠心的。

《文艺世纪》封底的《新雨集》广告

不妨以新雨的面目

早于《五十人集》,叶灵凤领衔的第一本六人合集《新雨集》就已出现了,是由香港上海书局印行,初版时间是一九六一年三月。为什么是不多不少六人?恐怕跟叶灵凤的"米当夜会情结"有关。早在战前,他就写过一篇《〈米丹夜会集〉》,收入上海杂志公司版《读书随笔》。在他为《新雨集》写的序中,又用了很大篇幅介绍"米当夜会"的由来。他说:"几个朋友凑合着来出版一本集子,在我们的新文艺运动初期是常有的事,近年则除了丛刊以外,这种方式倒不常见了,但在世界文学史上,却有一部极有名的这样的合集,这便是那部有名的《米当夜会集》。左拉在这部短篇小说合集里第一次发表了他的《磨坊之役》,莫泊桑发表了他的《脂肪

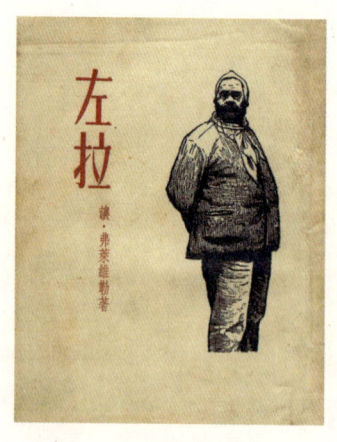

《左拉》书影

球》，这都是了不起的杰作。""在这部别致的小说集里执笔的作家，除了左拉、莫泊桑之外，还有荷思曼、阿立克西、萨尔和海立克，一共六个人。"《新雨集》的作者也是六个人。虽然叶灵凤一再说，"我当然不敢将我们的《新雨集》与左拉等人的《米当夜会集》相比"，但这相同的建制，绝对不会是巧合。

《新雨集》的六位作者是：阮朗、李林风、夏炎冰、夏果、洪膺、叶灵凤，他们都是《文艺世纪》杂志的骨干力量，日常也常有"米当夜会"那样的"夜会"。罗隼刊于《香港文学》第八十三期的《香港刊物缀拾》说：

> 《文艺世纪》的几位长期作者、顾问和编者之间，为了经常交换意见，联络感情，每月经常举行

一次大食会，分别轮流做东，他们喜欢到上环一两处私家做潮州饭菜的饭堂晚饭，因为价钱便宜又合胃口，这些人据我所知他们是：叶灵凤、罗孚、黄蒙田、柳岸（即夏炎冰）、阮朗（严庆澍）、源克平。

没准儿就是在某一次"夜会"中，他们提出了也出一本"夜会集"的创意，于是便有了《新雨集》。这个书名虽非叶灵凤的主意，但他是颇为赞许的，在《介绍〈新雨集〉》一文中，他说："《新雨集》的这个书名我很喜欢，不知道这是哪一位想出来的这个好书名。因为六个人虽然都是熟识的朋友，但是共同向读者们送出这一件小小的礼物，却还是第一次，尤其希望对于海外的文艺爱好者，能够借此结识一

《新雨集》书影

些新朋友,那就不负题这个书名的人一番深意了。"在《〈新雨集〉序》中,他也说了类似的话:"虽是旧相知,也不妨以新雨的面目,与读者们结文字缘了。"

《米当夜会集》中,六个人奉献的都是小说。《新雨集》却不同,只有夏炎冰、李林风和阮朗"一向是喜欢写小说的",这次也各自"用他们本色的作品与读者相见"。夏炎冰是六人当中最年轻的,生于一九一四年。他本名黄永刚,笔名还有柳岸、黄如卉等,长期在教育界供职,做过教师、校长、校监。叶灵凤与他私交不错,一九七〇年二月二十八日日记记载:"下午往得胜酒家饮茶,晤黄、源及黄永刚。"黄即黄蒙田,源即源克平。夏炎冰为《新雨集》贡献了四个短篇,叶灵凤说:"由于他最年轻,因此他的作品也更接近香港的现实生活。"这几篇小说基本都是写底层百姓的生活艰辛,情感上给人共鸣,艺术上却难给人震撼,因为看过了开头大致就能猜到结尾。可能也正因如此,他后来渐渐少被提起。

阮朗的小说要曲折一些。阮朗也就是写《金陵春梦》的唐人,他本名严庆澍,长期在《大公报》编副刊,朋

阮朗像

友们有人唤他作"巴尔扎克",可能是指他和巴尔扎克一样,写得很多、很苦。他的小说有辽远的背景、离奇的故事、鲜明的人物,但所承载的政治功能也很明显。他认为文学作品应有社会作用,具体说应起控诉作用、鞭挞作用、振奋作用……在提供给《新雨集》的四篇小说中,《压》和《失》就分别是对日、美两个败类的控诉和鞭挞。叶灵凤说:"我觉得阮朗的小说,有点像美

香港海旁风景

国欧亨利的风格，喜欢从小市民圈子里找题材，十分现实，可是写得却那么冷静而又富于同情，看出了抑压在作者心中的愤怒。"

对于李林风，他显然是最赏识的，他说："李林风的小说，可说是小说家的小说。"这个评价很高，也是他自己素来的追求。李林风就是侣伦，他起步很早，被誉为"香港文坛拓荒人"。与叶灵凤相交也很早，一九二九年就在叶主编的《现代小说》发表作品，不久叶灵凤夫妇南游香港，还在九龙侣伦那间"向水屋"里住了一月之久。侣伦对于写作的严肃认真是出了名的，甘丰穗说他："宁愿饿饭，而不肯放弃自己作为一个新文艺工作者应有的责任，决不炮制'去住先'的粗糙作品。"所谓"去住先"，是指流行于香港报刊作者的一种江湖方法，"他们在百忙中接到副刊编辑要一篇小说稿的电话后，放下电话即可动笔写出一千字"，将那报纸地盘"去住先"，"布局如何，不去考虑"，"在交稿数日之后，才逐渐将整个故事发展下去"。

至于夏果，他就是《文艺世纪》的主编源克平，叶灵凤称他为"南国诗人"，但说实话，他的诗似乎有些太"实在"，既少韵律，又缺灵气，跟同时代的疯癫诗人柳木下没法比，可能他把精力都用在了为他人作嫁衣，也未可知。总之是个好人，是个好编辑，但未必是个好诗人。叶灵凤跟他的关系很亲密，不好直言不讳，也不好违心吹捧，所以只好不温不火地说："读了使我神往的是那首《萧红墓志》。"但他的"神往"，恐怕不是诗本身，而是那段难忘的记忆："因为当年'走六小时寂寞的长途，到你头边放一束山茶花'的人，我也是其

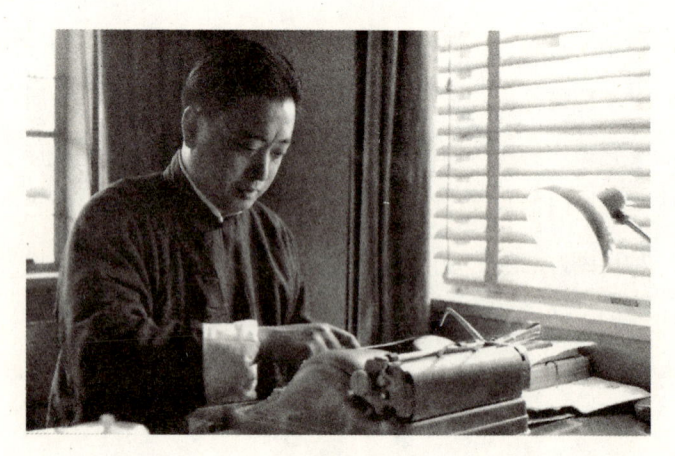

刘芃如像

中之一；而在漫长的十五年之后，'像考古家发现了古代文物，像勘察队发现了历史宝藏'，终于找到了那只'小小的坛子'的，也正是我。"

洪膺虽然也喜欢写诗，但他捧出的却是一辑小品散文。叶灵凤说："我们只要读一遍，就可以看出这些散文不仅写得含有浓重的诗人气质，而且有许多篇都是谈诗的，可见诗人到底是诗人。"洪膺本名刘芃如，生于一九二一年，读的是四川大学外文系，在那儿毕业后，又到伦敦大学研究英国文学。一九四九年归国时途经香港，就留在了这个有山有水的海岛，先是担任《大公报》、《新晚报》的翻译、编辑和课主任，最后做了新华社香港分社主办的英文杂志《东方地平线》（Eastern Horizon）月刊的总编辑。叶灵凤非常喜欢这个小弟弟，经常在一起谈天看书，他曾这样说：

> 自从认识了以后，这十多年以来，我同芃如就经常见面。只有这一两年，他忙着英文《东方月刊》的编辑工作，见面的机会少了一点。可是每月收到邮寄来的刊物，读着他用英文写的《东方日记》，隽永轻松，心里总是又高兴又钦佩，知道他已经跨上了一条前程未可限量的大道了。

可惜天妒英才，造化弄人。一九六二年七月十九日，也就是《新雨集》出版后不到一年半，他应邀参加阿联建国十周年纪念，飞往开罗，中途失事，机毁人亡，只活了四十三岁。卢玮銮在《叶灵凤日记·出版的缘由》中说："刘芃如逝世后，叶灵凤往往在其忌日抒发对他的怀念之情，可见两人关系密切。"收在《叶灵凤书话》一书的，就有《睹物思人》和《逝者如斯夫》。他说："往者未往，他仍活在我们的心上。"叶灵凤夫人赵克臻当年亦曾为刘芃如写下三首悼诗，其中一首正有暗喻《新雨集》的意思：

旧知新雨笔留痕，笑语樽前意尚温。
云海茫茫尘梦断，却从何处赋招魂。

最后要来说说叶灵凤那组文章了。他在序中说："至于我自己呢，以前虽然很喜欢写小说，可是藏拙已久，多年来写的全是一些短短的随笔，只好选了一辑来凑热闹，因为实在没有别的东西可以拿得出来了。"这样说实在是自谦，从篇目来看，他选择的这二十篇随笔，是颇费了一番心思的，最大的特点便是"杂"：既有怀人之什，又有西书拾锦；既有风土掌故，又有画家轶闻；那两篇《春初早韭》和《秋末晚菘》，堪称美食闲话中的精品；《海上秋思》作为纯粹的抒情散文，更是获得

叶灵凤与刘芃如（右一）、黄蒙田（右二）等合影

广泛赞誉。这些题材自然都是叶灵凤本人喜欢的，但同时也是为着照顾不同读者的需求，无异于为他们精心设计了一个拼盘什锦。

叶灵凤插图《醇酒与妇人》

新绿初呈时的欢喜

《新雨集》之后仅仅五个月,又有一本《新绿集》面世了,出版时间是一九六一年九月,出版社却换成了香港新绿出版社。这个出版社比较少见,不知是专为出版《新绿集》而设,还是本来就有。至于"新绿"这个书名,史复(也就是罗孚)在为本书写的《后记》中有一番推测:

> 不知道作者们为什么要给这本书取上"新绿"的名字,莫非他们和我一样,也是喜欢新生的绿色么?他们虽是同一集中人,料想彼此的趣味未必这样一致。如果"新绿"是作者的自命,那就未免太谦虚了。六位当中,……特别是叶灵凤先生,则是

罗孚像

大家早已知道的老作家。那么,"新绿"难道是指作品的本身而言,虽出之于老作家之手,也还是充满了新鲜和生命力,像春天里长出来一丛丛、一树树的绿色么?要不然,就是说,这个岛上的文艺园地还是颇有些冬天似的荒凉,像这样的书能够出版,实在叫人看了有春天新绿初呈时的欢喜。不管作者们的原意如何,我自己倒是有着这样的欢喜的。……

叶灵凤对罗孚的推测也有一番回应，他在《读新出版的〈新绿集〉》（香港《新晚报》一九六一年九月十九日）中说：

> 史复先生在这本集子的后记里说，他一向喜欢绿色，虽然不知道《新绿集》命名的原本用意何在，但一见了这书名就欢喜，仿佛在这座海岛上荒凉的文艺园地中，发现了一片春天新生的绿意。这解释颇新颖可喜，而且含有很大的期待。因为既是新绿，它当然是饱含生机的，几时能开花结实，绿叶成荫，覆庇着生活的旅途上喘息的过路人，实在是大家一致期待着的事。

在这篇文章里，叶灵凤又说："在六个作者之中，据史复先生的介绍，年纪最轻的是柳岸先生，既是年纪最轻，他才是真正的新绿了。"柳岸其实在《新雨集》里就已亮相了，那本书中用的笔名是夏炎冰。对于这个年轻人，叶灵凤颇多奖掖，他说："我将那一辑《今物

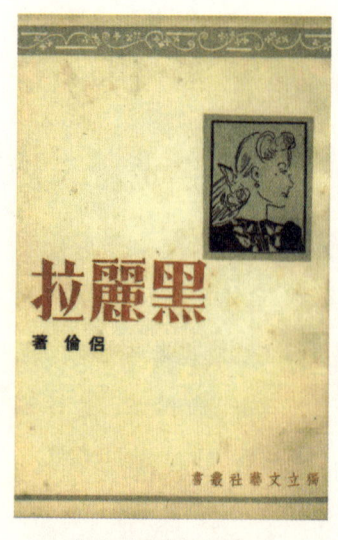

侣伦《黑丽拉》书影

语》读了一遍，觉得果然清新可喜。他写的是鸟兽虫鱼，但是所写的又不只是鸟兽虫鱼。写这样的小品文，将自然科学与社会科学交错起来，一旦搅和得恰到好处，再有简练的文笔来配合，就很容易写出第一流的自然小品了。"这可能是因为叶氏自己也爱读、爱写此类小品。他曾于一九五二年为《星岛日报·星座》写过一个《古今东西集》系列，是"混合科学小品和小考据的东西"，篇目包括《叩头虫》、《脉望》、《鲎》、《蜉蝣》、《蝉翳叶》等，听起来就让人感兴趣；柳岸的则不然，全是老鼠苍蝇臭虫的，看到题目先就有了几分排斥。

比较起来，我更喜欢读侣伦，他是这批作者中少有的可以担得起文体家这个称号的，不仅言之有物，言而有情，文字的经营也同样非常用心。我总以为，一篇好的文章，不能仅仅满足于把事情说清楚，把观点讲明白，还要讲究文字本身的雕琢罗致。汉字的排列组合，本身就能形成一种建筑美和音律美。在《新绿集》中，侣伦贡献的是一组《灯前絮语》，写的是香港沦陷经过以及这之后他亡命穷乡僻壤的心路历程。他说："尽管战争结束已经十多年了，而在这一段悠长的期间中，世界上又发生了几许新的变化和出现了几许新的事情，但血腥的记忆是没法给时间的流水冲刷了去的，它们简直在我的脑子里生根。"侣伦的此类文字，既是个人生活的记录，又为香港这段特殊岁月留下了一宗珍贵文献。

论起资历以及对于香港文学的贡献，吴其敏与

《园边叶》书影

侣伦是有些近似的。和侣伦一样，他与叶灵凤也订交很早。在吴其敏的《园边叶》一书中，有一篇《想起灵凤第一信》，开头便说：

> 和叶灵凤正式的交往，始于太平洋战争结束，复原回港之后。那时他在一家报馆编副刊，我也在那家报馆的"娱乐版"上写些影评什么的东西，几位朋友来来往往，这就碰上了。后来办《乡土》，办《新语》，他是当然的拉稿对象，成为前后两本杂志的台柱人物。益以好客的张建老的拉拢，我们公私之间的酬对，就频密了起来，常常集体参加游宴，所有郊区离岛，都不乏我们曾经流连的足迹。

吴其敏与叶灵凤，还是父一辈子一辈的关系。吴的公子吴羊璧，也是一位作家，与叶灵凤有忘年交；吴羊璧还是叶灵凤女儿叶中绚的同学，叶灵凤在养和医院弥留之际，他就在场，见证了老先生在这世间的最后时刻。吴其敏生于一九〇九年，逝世于一九九九年，享寿足九十岁，一生出版著作数十种。早年他曾写过罗曼谛克的小说，中年写过不少剧本，晚来却专攻文史小品。《坐井集》、《园边叶》、《望翠轩读书随笔》，都是此中精品。在《新绿集》里，他的一组《幕边掇拾》，却是专写越剧和潮剧。这也难怪，

《鲁迅诗文生活杂谈》书影

就如史复所说，他"是有过戏剧工作经验的人"，"主要的一部分又是谈他故乡的潮州戏，这就更是内行而又内行了"。

向天，也就是张向天，是可以称作香港鲁迅研究第一人的。他原名张秉新，安徽人，一九三〇年代即以"张春风"笔名在《论语》、《宇宙风》、《大风》等杂志发表作品。到香港定居后，他的职业是中学教师，业余勤于写作，写得最多的就是鲁迅，代表作是《鲁迅旧诗

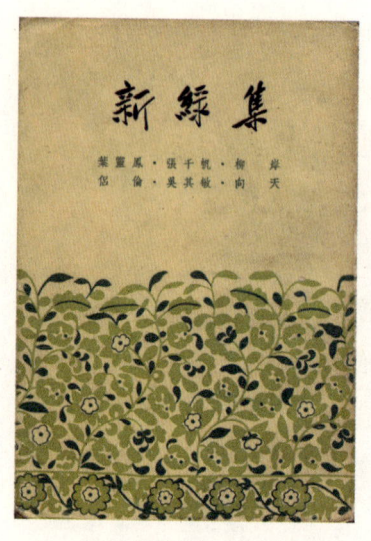

《新绿集》书影

笺注》及《鲁迅诗文生活杂谈》等。叶灵凤他们一班在香港的左派文人，有一个坚持多年的餐聚，张向天虽不是核心人物，但也属于积极参加者。所以，他之加盟《新绿集》，也是顺理成章的事情。他在这个合集中贡献的是四篇《读诗杂谈》，谈的却不是鲁迅，而是朱自清、闻一多和郭沫若，但叶灵凤在《读〈新绿集〉再笔》这篇文章中，却特别提到他的《鲁迅旧诗笺注》。一九七三年，叶灵凤还应张向天之邀，做了一件与鲁迅有关的事情，这事见于三月十六日的叶灵凤日记："日前见张向天，他要求我绘一草图示鲁迅在虹口的各个住处。当奋力一试。"

作为多人合集的幕后推手，张千帆也在《新绿集》

披挂上阵,他的四篇《绿窗小札》,差不多都是写鲁迅,反倒做了本来该是张向天要做的工作。不过,他关于鲁迅《悼杨铨》一诗的笺释,倒是引发叶灵凤打开了记忆之门,在《读〈新绿集〉再笔》(一九六一年九月二十日香港《新晚报》)中,他回顾了当年杨杏佛被害的有关史实。"惯于长夜过春时",那是旧社会的情形;《新绿集》中,叶灵凤则为自己的专辑取名为《欢乐的记忆》,很多篇什记录的都是他在新中国成立后重游内地的行脚。不过我觉得最有价值的还是那一组《天末怀人》,写郭沫若,写成仿吾,写郁达夫,写张资平,写创造社出版部的几位小伙计,全是有趣的第一手资料。这组文字三联版《读书随笔》没收,叶灵凤自己编的《晚晴杂记》没收,倒是陈子善为海豚书馆编的《霜红室随笔》选了进来,这就便宜了难以见到《新绿集》的内地读者。

侣伦在《〈新雨集〉与〈新绿集〉》(载《向水屋笔语》,三联书店香港分店一九八五年版)一文中,专门夸赞过这两本书的装帧设计,他说:"《新雨集》由香港上海书局出版。二十四开本,用道林纸印刷,全书三百一十四页,硬纸皮裹上厚纸的封面,突边,由夏果设计装帧;相当美观。""另一本同样是丛刊式的《新绿集》,……由新绿出版社印行。这本书是二百九十五页,它的形式和装帧设计与《新雨集》相同。"《新绿集》的设计装帧可能不是出自夏果之手,而是"新绿出版社的那位小姐",因为它的风格正与另一本由她担纲设计的《红豆集》相同。

南国红豆最相思

继《新雨集》、《新绿集》之后，叶灵凤他们又推出了一本《红豆集》，一九六二年三月由香港新绿出版社出版。看到这个书名，立刻想到的是王维的《相思》："红豆生南国，春来发几枝。愿君多采撷，此物最相思。"客居南天一角的叶灵凤们，相思又是为谁？当然是祖国。在为《红豆集》写的序中，叶灵凤坦承："参加构成这一本小书的六个作者，包括我自己在内，无论是坐在工作室内，或是跋涉在千里之外的旅途上，在执笔的时候，我们都是面对着自己可爱的国家，面对着海外无数的文艺爱好者的。集名'红豆'，就是表示凝结在这里面的这一点微意。"在稍后发表于《新晚报》的《自题〈红豆集〉》中，叶灵凤又谈到这个书名：

《红豆集》书影

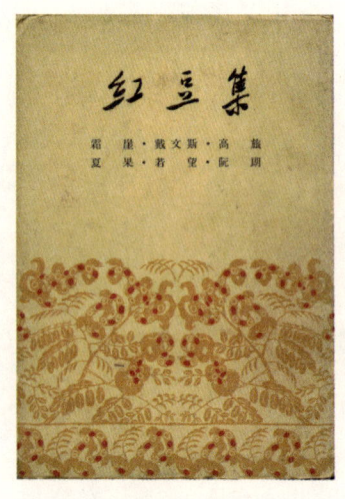

《红豆集》的名字，不仅很风雅，而且还很香艳，也不知最初是谁提出来的，大家都没有异议，便这么采用了。可是这个书名却苦了为我们设计封面的新绿出版社的那位小姐，听说她易稿再四，才选定了目前所取用的这一幅，褐黄色果实上的那些原红色的小点，想必就是"此物最相思"的红豆了。

六个作者中，半数在《新雨集》亮过相，叶灵凤之外，还有阮朗和夏果。作为小说家的阮朗，这次却贡献了一组游记文字，题曰《海南岛之旅》。"写的不仅全是海南岛，而且着重这几年以来海外归侨在祖国最南端这个大岛上为自己开辟的新天地。"夏果"是诗人，也是画家"，他的一辑《生活的鲜花》，"写的自然都是有关艺术和日常生活情趣的"。夏果也是搞封面设计的,辑中有一篇《书籍的封面设计》,说的都是行话。同样是行家的叶灵凤说:他"对于新中国这几年新出版物的装帧和封面设计所下的评语,不仅十分中肯,而且有他自己独到的见解"。这些独到的见解之一,便是强调:"唯其是民族形式的,也就使人更可亲的了。"

黄蒙田和高旅是首次加盟,只不过黄蒙田用了戴文斯的笔名。叶灵凤也很喜欢他那一辑《读画偶记》,他在序中说:"作者不只是一个艺术爱好者,他自己就是画家,因此在他谈到朋友们的那些作品时,就显得更加亲切抚爱。因为如鱼饮水,冷暖自知,他是能体会到那些作品的产生过程的。"黄蒙田的许多朋友也都是叶灵凤的朋友,但黄蒙田一直未曾离开过美术圈,交游似乎也更广,有关画人画事的书出了好多种。高旅比叶灵凤小了差不多一轮,但出道很早,辗转过不少地方从事抗日救亡宣传工作。五十年代初被派来香港,担任《文汇报》主笔,也负责过副刊。他出版最多的主要是小说,尤其是历史小说,但他也写文史小品,叶灵凤说他"是有一点历史癖和考古癖的"，这次收入《红豆集》的《枕戈小集》，就有这种特色，但我似乎更爱读那一篇回忆旧事的《听猿记》。

最后的一位若望，却是一个非常陌生的名字。我查了很多资料，也没搞清楚他是谁。只好求助香港的友人，最后是香港中华书局总编辑侯明先生帮我解决了难题。经张咏梅教授查证，罗孚先生曾于一九九四年十一月五日口述：若望是黄兆均的笔名。黄兆均一九二〇年出生于广东顺德，毕业于香港皇仁书院，是个名副其实的"书院仔"。一九四一年日军占领香港后，他到内地从事新闻工作，一九四八年《大公报》在港复刊，他受聘南归。《新晚报》创刊后，他又担任采访部主任，并和叶灵凤、梁羽生、王季友等人一起在"下午茶座"写专栏。张茅发表于二〇一八年七月二十九日香港《大公报·大公园》的《'怪论'妙笔黄兆均》一文说，上个世纪五十年代开始，香港报纸副刊盛行"怪话"，最厉害的两支健笔，一个是三苏，一个是无牌议员，无牌议员就是黄兆均。以一种俏皮的"三及第"文字，讽刺时弊，挥斥方遒。

叶灵凤夫妇与源克平（右三）、黄蒙田（右二）、阮朗（前右一）等郊游

不过，他持来加盟《红豆集》的文章，倒不是这种"三及第"文体的"怪论"，而是清丽隽永的游记《瑞士风物》。一九六一年，他曾以《新晚报》记者身份，前往采访十三国外长出席的解决老挝问题的日内瓦会议，这组《瑞士风物》，就是这次日内瓦之行的副产品。

若望那次日内瓦之行的副产品不止这一组游记，在一九六一年出版的第一百〇三期《新中华画报》上，

黄兆均日内瓦外长会议摄影

还用四页的篇幅刊出他的专题摄影《漫步莱蒙湖滨》，这里的署名就用了黄兆均的本名。这组摄影应该很有一些史料价值，因为不仅有日内瓦的自然人文风光，更有这次外长会议的会址外景和会议场景，由其中一幅可以分辨出，出席会议的中国代表团团长正是当时的外长陈毅。黄兆均说："我是有意乘工余之暇，到瑞士各地走走的。"旅游询问处的一位瑞士老太太极力推荐到萨马特小镇看雪山，于是就有了这次远足，也有了一篇图文并茂的《瑞士雪山行》，发表在稍后出版的《新中华画报》第一百〇六期上。我读着这篇有趣的游记，不禁联想着好多年前我那次日内瓦之行，以及远眺雪山的情形，有趣的是，我那次也是出席一个国际会议。同时也在内心发笑：要不是香港友人的指点，我即使读到这些文字，也不会知道黄兆均与若望的关系。

其实，若望的笔名问题并非个案，在香港，几乎所有文人都会有几个不同的笔名，有时会搞得扑朔迷离，让人难以分辨。叶灵凤一生也用过许多笔名，香港时期笔名更多，其背后的原因，张咏梅在《叶灵凤日记》的《编后记》中曾有分析：一来是方便"为立场风格各异的报刊供稿"，二来"可能是他当编辑时为了填满版面和赚取稿费，只好用不同笔名在同一版面上发表文章"。

在《红豆集》里,叶灵凤用的笔名便是"霜崖",他还在序文中专门"揭露"了这一笔名的秘密:

> 《红豆集》最末一辑是《霜红室随笔》。我要在这里揭露一个已经不是秘密的"秘密":这一辑零碎的小文章都是我自己的。那个笔名已经用了多年,许多人都已经知道,但是也许还有人不知道,我觉得在这里加以隐瞒是不该的。因为这篇小序写得虽然不好,但是这里面并没有一句假话,我若是不指出这件事情,就未免对不起读者了。

慕容羽军《海滨姑娘》书影

"霜崖"之外,叶灵凤香港时期用得最多的笔名便是"叶林丰"了。他还向人解释过这个名

慕容羽军像

字的含义，香港作家慕容羽军就将这次谈话记录了下来。在《开路问路——慕容羽军香港文学评论集》中，是这样说的：

> 一次，我曾问他，为何不用叶灵凤的名字发表文章，而用谐音的"林丰"？他忽然笑了起来说："你相信风水吗？"我摇头说："我懂风水，但不

相信风水。难道你用这笔名与风水有关?"

他又笑了,他说:"如果信风水,一定说我用这笔名与风水有关,因为树林丰茂才枝繁叶苍,是不是?"

"如果不用风水角度呢?"

"你真行,"他跷起拇指说我:"我正要从这个角度去解说,你想过'凤栖梧'是'栖'在'梧'的哪一部位?"

"哈,我明白了,"我说:"凤不可能栖在梧的叶子之上,是不是?"

"所以,"他重重地拍了我的肩膀,说:"必需林木丰茂,才衬托得起灵凤与叶的兼美。"

听了叶老这番妙论,令我也乐了半天。

慕容羽军小叶灵凤二十岁,广州人,少年时即参加对日作战战地服务,进出湘桂战场,战后从事新闻工作。五十年代南来香港,做过《东海画报》等杂志的总编辑,既写过小说、随笔,也从事文学研究和评论。我淘来了他的小说《海滨姑娘》，以及香港文学论集《看路开路》，但有一本《为文学作证》，一直难找。他有一篇《叶灵凤融入香港》，颇有影响，以他叶灵凤"忘年交"的视角，写出了不少知人之论。不过，就叶老的这一番话而言，在我看来不过是即兴笑谈罢了，由"灵凤"而"林丰"，更多的是一种心境的变化——"齿白唇红"的"惨绿少年"已成往事，所谓"结束铅华归少作，屏除丝竹入中年"是也。后来，干脆连"林丰"也觉着稚嫩了，这又用起了"霜崖"。在报端写"霜红室随笔"时用它，出版《北窗读书录》和《香江旧事》时也是用它。以"霜崖"之名写"霜红室随笔"，说"香江旧事"，真的是绝配，让人想起"停车坐爱枫林晚，霜叶红于二月花"，他也

刘以鬯像

果真出版了一本《晚晴杂记》。

不仅是笔名一个比一个冲淡,他自己的性格也是一天比一天厚重。香港作家刘以鬯在《记叶灵凤》中,就为我们描绘了一个深受尊重的"契爷"的形象:

> 在《星岛日报》编辑《星座》时,给同事们的印象是一位厚重的长者。有些对新文学不感兴趣的同事,不但不知道他是"创造社"的老作家,而且不知道他对中国新文学史曾经做过贡献。纵然如此,叶灵凤在报馆工作时,很受同事们的尊敬。同事们多数将他唤作"契爷"。

《南星集》：非常六加一

叶灵凤曾经感慨说："几个人凑合在一起的诗文合集，已经出版过好几种。""这种情形，好像说明了两种现象：一是在香港这地方要出版一本书，有点不容易，尤其是文艺书。""另一现象，就是说明在这地方，至少已经有一些人志趣相投，不甘于这里的文艺园地一直这么荒芜下去，挤出一点时间和精力来，一颗种子一颗种子地播下去，希望有一天不仅能开花结子，而且能蔚然成林。""就是凭了这一点热情，这样的合集才可以一本又一本地出了下去。"

这番话是为介绍《南星集》而写。文章早就在《读书随笔》中拜读了，书却一直找不到，直到最近，才在香港中华书局总编辑侯明先生和她同事叶秋弦小姐的帮助下得偿所愿。仍然是香港上海书局出品，出版时间是在一九六一年十二月。照这个时间，应该是在《红豆集》之前，但叶灵凤在发表于一九六二年三月二十九日香港《新晚报》的《自题〈红豆集〉》一文中却没提到它，文章是这样说的：

> 这样的散文合集，是近年新流行的一种单行本形式。就我们几个人来说，已经出过三种了。除了这部新出版的《红豆集》和《新绿集》之外，还有上海书局所出的那部《新雨集》。

陈凡《风虎云龙传》书影

可能的情况是，与版权页标注的时间不同，《南星集》的实际出版时间晚于《红豆集》。至于《南星集》的作者，同样还是六人，这次是阮朗、叶林丰、夏果、黄蒙田、辛文芷、张千帆。本来，他们还邀请了陈凡加盟，但陈凡自谦"拿不出东西来"。于是他们又派他一个差事，将校样交给他，要他写一篇序。这样，《南星集》的阵容就成了"非常六加一"。

陈凡像

陈凡其实不凡。梁羽生在《亦狂亦侠，能歌能哭》一文中说：《大公报》的这位副总编辑，出道甚早，"抗战期间曾翻过十万大山，沿中越国界边境线旅行采访，为《大公报》写了出色的《中越边境见闻》系列报道。又曾以'皮以存'的笔名，写了一本名叫《转徙西南天地间》的书，报道湘桂大撤退这一场空前灾难"。虽说后来的名气比不得他的部下金庸、梁羽生，当年却也和他俩并称"三剑侠"，写武侠时的笔名是百剑堂主。百

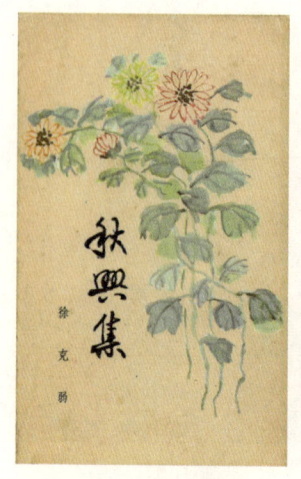

陈凡《秋兴集》和《转徙西南天地间》书影

剑堂主只是浅尝辄止，但那本《三剑楼随笔》，还是记录了他们曾经的光辉岁月。他的随笔，还曾以徐克弱笔名由大光出版社结集过一册《秋兴集》。陈凡还能自写自画，《桂林行旅记》便是其中之一种。他的旧体诗词自成一家，钱锺书曾送其"秩才豪气"的四字评语。早年写的却是新诗，后来以周为笔名出版《往日集》，叶灵凤亦为他撰文推荐，自称从此"又多了一个诗人朋友"。叶氏生前阅读的最后一套大书，就是陈凡寄他的九卷《艺

陈凡画《漓江夜泊》

林丛录》，得书之后，"喜出望外，作书谢之"。

对于叶灵凤，陈凡不仅尊重，也是知之甚深。在他的序文中，这样评价叶灵凤的那组文章：

> 林丰先生的《香海丛谈》，人、物、史、地，

无所不包，且无不有根有据。他的笔墨是比较朴质的，有话则长，无话则短，乘兴而言，事尽而止，得畅允自然之妙。我想，香港的读者，未必都详知香港的史实，而《香海丛谈》用文学之笔，为他们提供了这方面的丰富知识。

《香海丛谈》总共二十二篇，具体篇目是：《新安县志中的香港》、《香港村和"香港"的由来》、《佛堂门大庙的残金剩石》、《九龙寨城的微妙地位》、《新界的故事》、《裙带路和域多利城》、《合浦与大埔的珍珠》、《官富场与官富山》、《张保仔，满清和澳门》、《张保仔投降经过》、《威廉坚手下的"六品顶戴"买办》、《从吉士笠街谈到吉士笠》、《咩哩干来粤和水手行凶案》、《再记美国商船水手殴毙民妇案》、《林则徐与琦善》、《软尘私议与林则徐》、《夷氛闻记的版本谈》、《伶仃洋与鸦片走私》、《鸦片战争中的广州美商》、《两次来港的黄恩彤》、《太平军在香港》、《第二次鸦片战争》。以上各篇，有的收入香港中华书局一九八九年版的《香岛沧桑录》和《香港的失落》,有的经过改写收入《香江旧事》和《张保仔的传说和真相》等书。有的虽然话题相同,一写再写,但未必就是同一文本。关于这一点,卢玮銮在《叶灵凤日记》的《编后记》中亦有评论。

> 因为他对这个课题持久的关注,可能十年前写了一篇文章,后来又找到相关新材料,于是就相似的话题再写一篇文章,很多人会觉得重复,其实文中多说或少说了一句,都可能表示他对这个话题有了新的见解。

这样的文字无疑是受到读者欢迎的。就在《南星集》出版不久,柳岸便在一九六二年十二月二十六日的《文汇报·文艺》撰文评介,他特别推崇叶灵凤那组文章:"叶林丰人称叶老,这辑《香海丛谈》正是他早已脍炙人口的掌故随笔的又一个结集,他用那简朴顺适的文笔叙述许多在我们周围而我们却不大了了的事实和历史,娓娓谈来，使我们平添了不少知识。叶老的通与博是后辈所艳羡的，这里面包括了他治学的精与勤。读叶老的这些文章，常会激发我们学习的热情，固不只在文字上值得效法而已。"

《南星集》中，我另外感兴趣的是张千帆。这位多人合集的幕后推手，文章比其他五位作者更为稀见，他在香港出版的一本《劲草集》，更是久觅而不得。所以《南星集》中这组《山居散记》，便可以发挥尝鼎一脔的作用。读过其中三篇"访书偶记"之后，也才知道，他对于书的痴迷，丝毫不亚于他的朋友叶灵凤。在《书话》一文中，他写道："当自己获得不容易得到的好书的时候，欢快的心情确实不是语言文字所能表达的。"他非常神往鲁迅逝世前用心编校的两部书，一部是纪念瞿秋白的《海上述林》，另一部便是为了纪念柔石的《凯绥·珂勒惠支版画选集》。但他知道："这两部印数极少的初版本，恐怕现在已成为稀有的版本了。"令他想不到的是，"在去年冬天，我幸运地得到叶灵凤先生送了一本绒面的《海上述林》初版本下卷给我；接着，在

叶灵凤夫妇与女儿偕张千帆乘火车回国观光

今年夏初，又蒙罗孚兄送了一本这部书的初版本上卷给我，这样就使我获得了一部完整的、极为珍贵的初版本的书籍。"更令他想不到的是，另一个愿望差不多也实现了，送书给他的还是叶灵凤。

最近，叶灵凤先生送了一本许多年前在香港出版的《凯绥·珂勒惠支画册》给我。当然，这本画册不是周先生编印的，可是每当我翻阅这本画册的时候，就使我联想到周先生为了纪念柔石所编印的《凯绥·珂勒惠支版画选集》。

357

内山书店外景

三联书店（香港）有限公司新近出版的侣伦《向水屋笔语》增订注释版，收有一篇《漫话作者签名本》，生动地记录了张千帆对于签名本的痴迷程度。

战后重逢了在战争中隔绝多年的朋友张千帆，知道他也爱书，我便把上述几本书连同我自己搜藏的别的作者签名本送给他；另一本戴望舒诗集《望舒草》，是把戴望舒写给我的短信的署名剪下贴在扉页上，作为签名本送给他的。张千帆非常高兴。我也为着能够满足朋友的兴趣感到快乐。

在朋友中，张千帆真是签名本搜集者的典型人物之一。为着达到目的，他不肯放过每一个机会。韩素音某次到香港的时候，他通过洪膺的关系，得到韩素音一本签上名字的原著《生死恋》，使他喜出望外。

张千帆还藏有内山完造两篇纪念鲁迅的文章原稿，那是特地为《文艺世纪》写的，他特意把它装裱之后装订成册，并请多位著名作家留下纪念手迹，这无疑是非常珍贵而有意义的。叶灵凤在上海的时候，是内山书店的常客，在那里买书还能挂账。他在《内山和他的书店》一文中说："'八一三'淞沪会战发生后，北四川路的交通首先隔断，接着我也只身南下，因此，至今还欠了他店里的一笔书账。"内山完造最后一次应邀到北京去，曾经过港,住了一天一夜,可惜叶灵凤知道这消息太迟,错过了可以见到他的机会。对于这位怀着"最大的抱歉"的老板,叶灵凤自会欣然命笔,他的题词是:"一生为中日人民友好合作努力的内山先生,他的功绩是令人难忘的。"

《南星集》书影

张千帆说:"作家叶灵凤所写的这一段话,是说得很中肯的,我以为,可以作为对内山完造的评价。"

可惜的是,张千帆这样一位挚友,不久就奉调回京了,他和叶灵凤他们张罗的热闹一时的多人合集,就此鸣金收兵。他走之后,叶灵凤和阮朗、夏果、黄蒙田、辛文芷,一直保持着亲密的友谊。特别是夏果和黄蒙田,因为同是美术出身的缘故,聊起来自然会更投机。在《南星集》中，这两位朋友的文章，便都是讲的老本行，黄蒙田《书籍与美术》中关于书籍装帧的一些观点，简直跟叶灵凤如出一辙。比如他说："装帧是指一本书的整个风格，即开本、纸张的颜色、封面、扉页、目录、书脊的设计，甚至书边的设计——如毛边还是切边，是否染色之类。"比如他说："装帧并不是离开原著孤立起来而存在的，它首先是服从于原著的性质和内容。"他强调装帧要"和原书的性格相配"，"有时看起来它似乎并没有经过装帧，但这些没有装帧的装帧却比许多过分'美术'的设计要好得多"。夏果则不仅有理论，而且付诸实践了。《南星集》封面依然由他操刀，白底红枝，素净而热烈；三个娟秀的美术字，也极富装饰趣味。

至于辛文芷，则是罗孚的笔名。叶灵凤去世后，他不仅撰写了一系列纪念叶灵凤的文章，更为他的故友编选了三卷本的《读书随笔》，一个不一样的叶灵凤从此让世人惊艳。而那位"非常六加一"的"一"，在随后到来的"文革"闹剧中，却一度精神失常。梁羽生说："陈凡在'文革'期间一些'失常'的行为，那也是不必为尊者讳的。他以毛泽东的'大刀卫士'自居，买了一把锋利的小刀藏在身上，听说不仅在办公室中把弄，甚至在大会发言，也挥舞这把小刀。"对于这段往事，曾经在陈凡手下做事的杜渐在《岁月黄花》一书中有详尽描述，但在客观性上似乎略逊于梁羽生。据说，晚年陈凡恢复了原来的样子，退休后以"封笔、息交、绝游"六字自勉。

那些计划中拟写的书

叶灵凤写得多,计划中拟写的书也多,只可惜很多都停留在了拟议中。读者最熟知的,自然是他久已要写的比亚兹莱传记。这个愿望的重要性是不言而喻的,就像他在《郁达夫先生的〈黄面志〉和比亚斯莱》里说的:"我年轻时候很喜欢比亚斯莱的画,觉得他的装饰趣味很浓,黑白对照强烈,异怪而又华丽,像是李贺的诗,曾刻意加以模仿,受过不少的称赞,也挨过不少的骂。"所谓"称赞",是他由此获得了"东方比亚斯莱"的称号;所谓"挨骂",当然就是鲁迅说的"生吞琵亚词侣,活剥蕗谷虹儿"了。带着这种复杂的心情,叶灵凤与比亚兹莱几乎纠缠了一生。在《比亚斯莱的画》中他说:"我久已想编一部比亚斯莱画集,附一篇关于他短短二十几

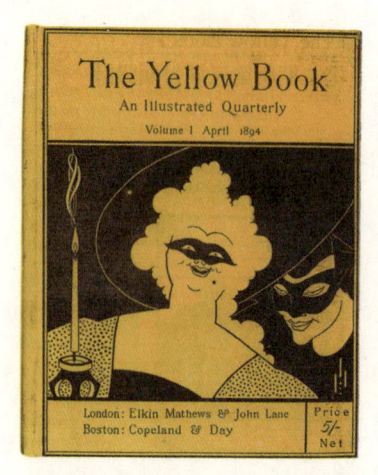

比亚兹莱设计的《黄面志》

年生涯和艺术的详尽介绍。这个志愿，就像我的许多其他写作志愿一样，一拖一年又一年，一直就搁了下来。"其实，他一直没有停止过资料的搜集，无论是在上海，还是在香港，并且自认——"自己如果也要为他写一部传记，在题材的取舍方面已经能有把握了"，遗憾的是终于没有写成。

这种没有实现的心愿，又岂止一部比亚兹莱传记？打开《叶灵凤日记》，第二页就赫然开列一个单子，疑是拟整理出版的单行本，分别是：《吞旃随笔》、《两忘集》、《南冠集》、《书鱼闲话》、《禁书史话》和《读书随笔》。这一天是一九四三年的九月二十九日，香港尚在日本人的占领之下。那个时候，他明里为日本人做事，供职于位于毕打街毕打行的大同图书印务局，主编《大众周报》，暗中则是国民政府情报人员，更暗中，"实际上是替共产党工作"。卢玮銮说他："深陷敌手，加上种种原因必须为其'服务'，心中感慨定多，欲表于文字又不轻易，借机明志，乃文人抒发惯技。"《吞旃随笔》，拟结集的应该就是沦陷时期那些借用典故、曲笔明志的文章。他曾在《新东亚》创刊号发表过以此为题的一组文章；另在《大众周报》使用过类似标题——《吞旃读史室札记》。所谓"吞旃"，典出《汉书》苏武牧羊的故事，原文是："天雨雪。武卧，啮雪与旃毛并咽之，数日不死。匈奴以为神，乃徙武北海上无人处，使牧羝。"叶灵凤无疑是以

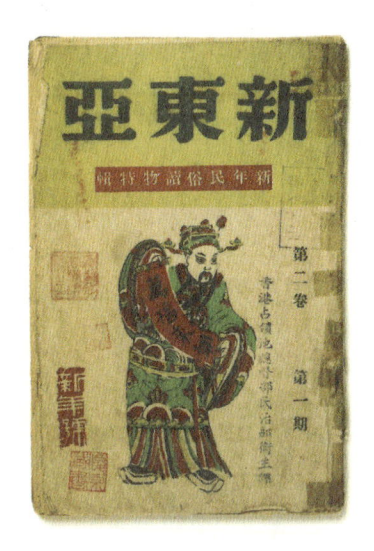

《新东亚》杂志封面

《大眾周報》封面

苏武牧羊自况的，慕容羽军回忆，叶灵凤曾对他说："苏武的故事你应熟知，他从塞外归来，别人的目光不也对他投以异样的冷漠！"所幸有人明白他的心曲，香港学者张咏梅曾有论文《"信非吾罪而弃逐兮，何日夜而忘之"》，非常详细地剖析叶灵凤这一时期文章背后的"真意"；卢玮銮则不止一次感叹："他当时正为日本人工作，却敢写出《吞旃随笔》，借用苏武牧羊的典故表现气节。"卢玮銮和郑树森还主编了一本《沦陷时期香港文学作品选——叶灵凤、戴望舒合集》，钩沉几无阙遗，但终究缺一本纯粹意义上的《吞旃随笔》。

《两忘集》是要忘掉什么？尚没找到线索。《南冠集》叶灵凤后来倒是在日记中提到过，事见一九五一年八月十日："下午赴李辉英之约。本拟谈出版单行本事，我见在场之人太杂，遂王顾左右而言他。本意拟集合一些小品随笔凑成一集与之，拟取名《南冠集》。""南冠"，语出《左传·成公九年》："晋侯观于军府，见钟仪，问之曰：'南冠而絷者，谁也？'有司对曰：'郑人所献楚囚也。'"后世乃以"南冠"代被俘。叶灵凤在香港沦陷期间是坐过日本人监狱的,或者说,他是把整个三年零八个月都看作"南冠"。一九四三年为《大众周报》连载《书淫艳异录》所写的《小引》,曾援引元好问诗——"南渡衣冠几人在,西山薇蕨此生休",可资参证。他还在一九四六年五月三日日记中说:"开始计划写《留在香港地下的血》,记所参加的秘密工作及当时殉难诸同志狱中生活及死事经过。"并说:"在卅余人之中,只有我是写文章的,而我又侥幸活着,所以我觉得我有这责任。"卢玮銮云:"可惜一直未见此文,家人亦云未见。如果真已写成,而又人间湮灭,则一笔血史永不昭彰了。"

《书鱼闲话》是在上海时期就想出的一本书,当年上海杂志公司老板张静庐曾经计划出一套"贝叶丛书",并在一九三五年十一月出

李辉英像

版的《书报展论》上刊出过第一辑的书目，当中就包括叶灵凤的一本《书鱼闲话》，但据说"这个计划当然很好，可惜未能完成"。一九四五年，叶灵凤又在《南方文丛》发表过一组《书鱼随笔》，此后陆续写过很多此类文章，可惜始终没能以

《新中华画报》创刊号

此书名付梓。一九五一年九月五日，他还"整理剪存已发表的文稿，决定将若干篇关于藏书家的译文编成一集，以应李辉英之约，书名拟《爱书家的散步》或《爱书家的假日》"，可惜也成了未了的心愿。三联书店版《读书随笔》第三集，辑入了《书鱼闲话》和《译文附录》两组文章，也算是一种聊胜于无的抚慰。

一九四六年一月二日，叶灵凤在日记中又开列一批"计划中拟今后写的书"，那就是以黄河、扬子江、长

叶灵凤在《新中华画报》发表的《不尽长江滚滚流》

城、泰山为题材的《河》、《江》、《城》、《山》系列。以他的设想，"包括自然史地与文艺描写混合而成，如凡龙所写各书"。他并说："动手之前，要读一切有关之参考资料，要实地旅行考察，并要搜集图片。中国目前无人能做这苦工。虽颇吃力，但值得一干。"事实上他已经为不同的报刊写过一些篇章，尤以《新中华画报》为最集中。黄蒙田在《小记叶灵凤先生》（香港《新晚报》一九七五年十二月七日）一文中说："五十年代初期，他为我当时编的一本画报写了一篇长文《不尽长江滚滚流》，上面的计划就是那时候透露的，而这篇文章正是长江之部的一部分草稿。由于临时写作任务繁重，他没有充分的时间条件把这件工作完成。"直到一九六六年，叶灵凤还在惦记着这一个愿望，他在《文艺世纪》该年十一月号发表的《江·河·山·关》中说：

> 我一向有一个奢望，认为中国的这些有名的江湖山河关城，不仅是我们的自然资源宝库，也是我们的历史文化宝库。任何一个地方，只要肯略下功夫去研究考察和搜集整理，就有足够的丰富资料可供我们写成百十万言的大著。我曾经读外国作者写的埃及尼罗河，欧洲的阿尔卑斯山，美国的密失塞必河的历史，都是将人文自然综合起来，用传记体裁来写的，读起来十分有趣。因此我想到我们有这许多好题材，一直还未曾有人动过。这一大片几乎未曾开垦过的写作上的处女地，若是有人有勇气和决心，组织起来去开发，一定可以像近年的"北大荒"，由荒地变成粮仓一样，也可以供应我们大量

的精神食粮。

这个奢望最终只是奢望,不光是他,也是很令朋友们惋惜的一件事。阮朗在他去世后说:"现在是该由其他朋友去接过叶老这一'棒'了。"

一九四〇年代后期,叶灵凤正值壮年,精力旺盛,文思泉涌。一九四六年三月二十五日,他又在日记中开出一个清单,列出几本要译要写的书:《高尔基日记抄》,《伊索寓言》,《清代文字狱史》,《禁书史话》,《世界木刻史》。关于《高尔基日记抄》,叶灵凤在一九四九年十一月一至三日的日记中又说:"译《高尔基日记》,在《星座》连载。此书之译,始于一九四一年,时译时辍。今乘可以连载的机会,决意完成之。今已译好五分之四了。我觉得高氏的散文、小品、书简、回忆录、短论,皆比他的长篇小说好。"《高尔基日记抄》是无限接近过出版环节的,一九五一年七月十二日的日记中,叶灵凤就说:"李辉英来电话,谓南洋有书店要出书籍,向我征稿,拟以所译之《高尔基日记抄》与之。"但李辉英隔了一天来访，告以"彼所需要之单行本以五万至八万字为限。《高尔基日记》太长了，当另选一些散文随笔去应付一下"。到了八月十五日，"路遇李辉英，彼谓将于星期五偕刘同绎（亦写作者）来访"。

索洛维奇克作高尔基像

叶灵凤以为会有实质性进展，"明日有暇，当检点一下存稿，了却出单行本的公案，大约积下来的随笔散文，是可以凑成一集的。"谁知星期五来了之后，才知"刘君来访目的，谓办一综合性刊物，邀请写稿云云"，李辉英则对单行本之事只字未提。就这样，不仅《高尔基日记抄》，就连替代的随笔散文集也没了下文，真成了一桩"单行本公案"。

伊索寓言素来为叶灵凤喜欢，写过好几篇与此相关的文章，不仅对伊索的生平传说颇多考索，对于伊索

《伊索寓言》插图（Thomas Bewick 画）

寓言在中国的传播史，也是颇下了一番功夫的，对《况义》、《意拾蒙引》等早期不同译本多有研究。他拟翻译出版的《伊索寓言》自有一番独特的面目："三百篇拟全译，附图，附伊索生平，旧译本《况义》考证。"很可惜这个愿望没有实现。说出这个愿望之后不久，他还于一九四六年四月二十四日，又在日记中记下一个新的愿望："《十日谈》、《金驴记》、《迦桑诺伐忆语》、《七日谈》等书，有些好的版本，其前面都有很好的介绍或序文，如将这些文章都搜集起来译出一本书，我想也是一件工作。"很可惜这件工作也没完成。他亦在《星岛晚报》连载《一千零一夜故事选》，在《成报》连载《红毛聊斋》，在《快报》连载《炎荒艳乘》、《哈基巴巴奇遇录》、《百日谭》，这些脍炙人口的通俗译述，不少都达到结集成书规模，可惜全都散落在了故纸堆中。

有一部流行小说的翻译，要不是曹聚仁揭秘，恐怕就真的湮没无闻了，那是莎冈的《日安，忧郁》。弗朗索瓦兹·莎冈是有名的法国当代女作家，一九五四年，年仅十八岁的她，在咖啡馆里泡了四个星期，写出了第一部小说《日安，忧郁》。次年初小说出版，使她一举成名。叶灵凤

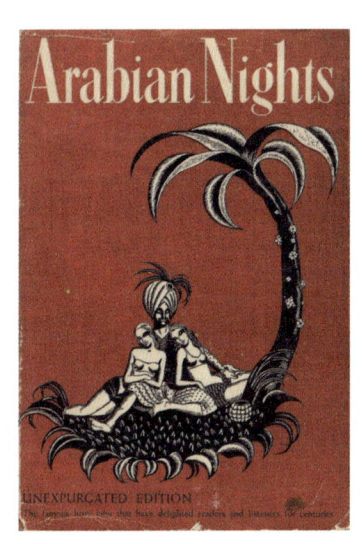

《一千零一夜》书影
（Steele Savage 画）

曹聚仁像

翻译《日安，忧郁》，应该是在一九五五年下半年往后，因为根据他的订书记录，书是在这年的六月七日订购，八月三十一日到手。由此也可看出，叶灵凤对于世界文坛新潮的关注与接受程度。可惜这几年他的日记恰好阙如，具体翻译、连载和接洽出书的情况就见不到记载。

曹聚仁那篇揭秘文章则是《翻版书》，收入北京出版社出版的《曹聚仁书话》，里面这样说：

本报有几位朋友，身受翻版书之痛，说起来，有点切齿的。翻版书商之中，有的简直是明火抢劫的。当叶灵凤先生翻译的《日安，忧郁》（法女作家莎冈作）在某刊连载时，我就征求李先生的同意，由叶先生把这部译稿交"创垦社"出版。我当时就特别提醒他，必须早日译完，把副稿给我，我们可以先排，单行本必须和报刊完毕日子相连接，报上一刊完，单行本就出来，叶兄当时是点了头的，事实上，并不如此，他等全稿刊完了，又重新整理了一下，等到他的稿子交来，已经一个多月了。我们当时就知道有人翻版，赶忙付排，哪知叶兄校对得仔细，又迁延了一个多月。我们的"三校"刚终了，翻

《日安忧郁》书影

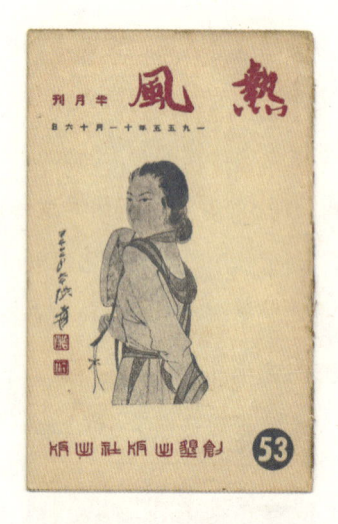

创垦出版社出版的《热风》

版的已经上市了。这一来，我们只好搁下来，白白花费了几百元的排版费。那翻版的行若无事，也可说自得其乐呢。这位明火抢劫的书商，他还对我叹气，说这部书不时新，捞得太少呢！

曹聚仁笔下的"李先生"，应该是李微尘，时为新加坡《南洋商报》总编辑，创垦出版社正是《南洋商报》出资开办的，由曹聚仁、徐訏等人负责。虽然后来曹聚仁与左派阵营走得越来越近，与叶灵凤的私交也很好，但在当时能够代表偏右的创垦社向叶灵凤拉稿，也是很难得的举动，叶灵凤能够爽快答应，就更属难得了。不过，世事总是很诡异的，由于不良书商的捣乱，叶灵凤与创垦社的缘分也只到此为止。在叶灵凤此后的文字中，也未见到对《日安，忧郁》此番遭遇的吐槽。对于盗版，他似乎习惯一笑了之。一九四九年十二月九日日记曾说："邻家少年，以坊间所选之《灵凤杰作选》一册见示。封面有画像，无半分相似。不知是哪个书贾出作，见之可发一笑也。"

在叶灵凤的书话随笔中，有不少涉及与"禁书"有关的掌故，他将此称为"人类在文化史上所留下的污点"，"几乎使人不敢相信人类既然一面产生了这样优秀的文化，何以一面还残留这样的愚笨"。他还有意撰写《禁书史话》和《清代文字狱史》，并已开始广泛搜集资料，甚至远托施蛰存和戴望舒觅购《清代文字狱档》和《大义觉迷录》等书。一九四七年二月十三日日记说："读文字狱资料，并将《清朝野史大观》、《清稗类钞》、《心史丛刊》诸书的文字狱资料，一一加一比较，拟每一案为主，作一纲领，汇集资料于一处，这样如要写文字狱史话，那就容易了。"二月十九日的日记又说："日来整理清代文字狱资料，略有头绪。所缺者，全祖望之《鲒埼亭集》，□□□之《绪南丛谈》，以及故宫博物

《一千零一夜》插图（John Buckland Wright 画）

院所辑印之《掌故丛编》。又，据《典籍聚散考》作者陈登原谈金陵大学图书馆藏有外间未见之《应禁书目》一部，极关重要。"不过，在这同时他也感叹："本拟出版一些小册子，国币如此跌价，内地购买力受影响，怕不容易做了。"两本小书未能出版，固然遗憾，但从积极方面讲，搜集阅读资料的过程本身，亦对叶灵凤学养识见的涵养大有助益。

黄蒙田曾透露："叶灵凤是版画爱好者，曾经尽过很大力量为中国的美术青年介绍外国版画。他曾经多次表示想写一本《世界版画史》，他不但有意做这工作，也很有兴趣做这工作，而长期以来搜集到的全世界范围以内的古今版图籍，提供了他写这本书以充分的材料。据我所知，《世界版画史》初稿

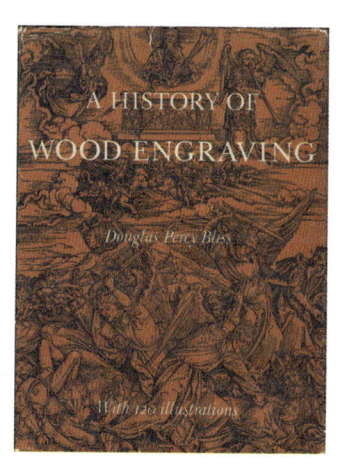

《世界木刻史》书影

写成了大约五章，共一万字左右，插图很丰富，五十年代初曾经在报纸上发表过，由于和《三江记》相同的理由，这本他最想写的书终于没有完成，这是非常可惜的。"实际上，叶灵凤翻译的是布利斯的《世界木刻史》，而且译完的字数远不止一万。一九四九年十二月一日，叶灵凤日记说："《世界木刻史》亦陆续译过数章。此书实应正式着手译下去。这是一件工作，亦可以了一笔心事。只是外国名词太多，译起来极费事。拉丁文、德文的书名，尤感棘手。"十二月二十三日的日记又说："译《木刻史》一章，关于近代法国木刻者，编入后日出版之《星岛》《艺苑》。布利斯之《世界木刻史》全书约十七八万，现零星译好已有四万字，能将全部译好出版，亦一件值得的工作也。只是全书插图很多，找人出版恐不易，然而布利斯的这部木刻史却是这部门中仅有的一部历史。可惜文字生涩，又加之外国语书名人名太多，颇不易译。"

虽然叶灵凤的文名远超画名，但他对美术的爱好终生不渝，黄蒙田就说："没有一个画家像他拥有的中外

叶灵凤最喜欢的惠斯勒的《母亲》

画集和美术参考书那样丰富的。"在《叶灵凤日记》逐年的购书记录中,西洋古代和先锋画家的画集几乎巨细靡遗;中国古代版画和汉画碑拓,亦是他长期搜藏的重点。这些丰富的藏品,为他美化报纸刊物发挥了很大作用。他也乐意借给朋友看,黄永玉就是其中一个,居港

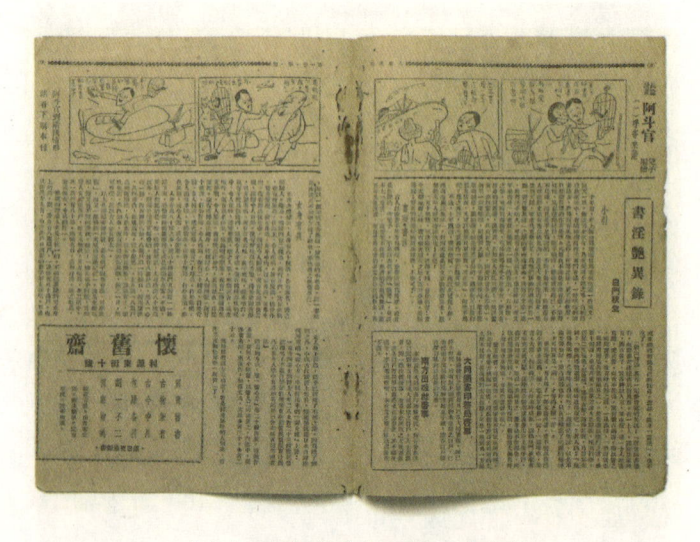

《大众周报》的《书淫艳异录》专栏

几年间从中汲取了很多营养。甚至一些不认识的在校学生，也时有到他家欣赏画册的。"他想到的不但让朋友们分享能看到好书的乐趣，更重要的是朋友也能'用上'这些书，不论是业务上的、写作上的，还是学习上的。"他自己也想更好地"用上"这些珍藏，一九四六年五月三日的日记就说:"有机会,拟将所藏木刻以及各书插图,分别选印一套画集。又,有一册德国版的歌德画册,很可以编一部《歌德画传》。"事实上,他也为《新中华画报》、《星岛周报》等报刊写过不少名画欣赏,介绍过达·芬奇、凡·高、果耶、德拉克洛瓦、伦勃朗、德加、杜米埃、费玛尔、惠斯勒等一众画家,单是将这些文字汇总起来,再配上那些名画,就是很好的美术普及读物,可惜也都没有编成。

一九五一年六月十三日,叶灵凤日记说:"整理前以'秋生'笔名写的杂稿,因有人要出一单行本,名《欢喜佛龛丛谈》。检出七万字剪贴校改错字。"《欢喜佛龛丛谈》自一九四六年十月二十七日开始,连载于香港《新生晚报》。这年年底叶灵凤曾在日记中补记:"以'秋生'笔名逐日为《新生晚报》写猎奇趣味短文,名《欢喜佛龛丛谈》。"这应当是继一九三六年在上海《辛报》和一九四三年在香港《大众周报》连载《书淫艳异录》之后,第三次经营此类文字。曾任《新生晚报》编辑的高雄在《送叶老之丧》(载香港《成报》一九七五

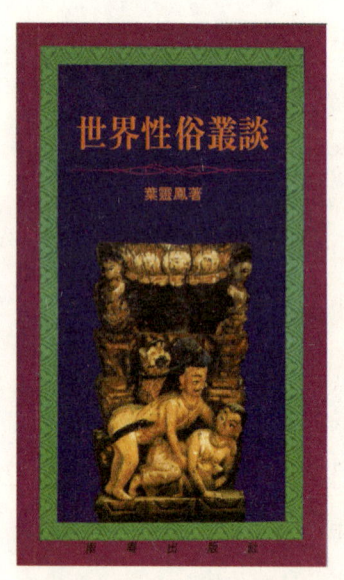

《世界性俗丛谈》书影

年十一月廿七日)一文中曾经回忆起叶灵凤的这个专栏,只不过把栏名搞混了:

我认识叶先生甚久,我在新生晚报副刊开始写经纪拉日记时,佢则在新生晚报写一篇极其吸引人的读书什记,栏名叫《书淫艳异录》,是他老先生在读正经书之时,把其中略不正经的资料撷录出来写成的,不过"书淫"二字,并非"淫书"之谓,这两个字非常典雅,是"书迷"的意思,所记的中外古今书籍中事,皆以"艳异"为主,乐而不淫,非常得读者拥护。

《欢喜佛龛丛谈》的书稿是交出去了的，一九五一年六月十六日的日记说得很明白："大阴雨，整理《丛谈》稿完竣，并写一小序。晚间即交给出版人。"但不知这位神秘的出版人是何方神圣。一九五二年七月九日的日记有如下记事："下午彭成慧来谈，催《欢喜佛龛丛谈》稿。又杂谈出版事，谓近来因内地的书不能出口，本港及南洋的出版事业颇活跃。"彭成慧以前在上海的时候也是作家，但此时在港正忙着打理他在沙田的枫林小馆，并非职业出版人。这以后就不见下文。这类短文能结集出版，还是在叶灵凤去世十四年之后的一九八九年，出版方是三联书店香港分店的副牌南粤出版社，书名《世界性俗丛谈》。

此后，沪上学者张伟在小思帮助下，将《辛报》和《大众周报》两个时期的文章合璧，在福建教育出版社出版了两卷本的《书淫艳异录》。虽然叶灵凤生前自谦此类文字"不仅不足道，而且是不足为训的"，但读者无疑接受并乐享这一种难得的"另类书话"。

以上拉拉杂杂，仅是将叶灵凤那些计划中拟写的书粗略加以梳理,并非一个完整统计。叶灵凤一生有很多未了的心愿,这些未了心愿本身就如一个宝藏,挖也挖不尽。与他广博的涉猎、多彩的创意、丰富的产出相比,他已经如愿出版的那几部书,实在微不足道也。

图片来源

A

《阿柏拉与哀绿绮思的情书》，叶灵凤译，香港上海书局1956年版。

Abelard & heloise, Wood-engravings by Raymond Hawthorn, Folio, 1977

Aesop's Fables, A New Translation By V.S. Vernon Jones With An Introductionn By G.K. Chesterton And Illustrations By Arthur Rackham. William Heinemann, 1912.

Andersen's Fairy Tales, Translated By Hersholt, Illustrated By Fritz Kredel, The Heritage Illustrated Bookshelf, 1942.

Andre Gide, by Claude Martin, "Ecrivains De Toujours", 1963.

A Propos of Lady Chatterley's Lover, By D.H.Lawrence, Mandrake,

1930

《安徒生经典故事集：百年复古插画新译爱藏版》，谢静雯译，台北，漫游者文化事业股份有限公司 2019 年版。

B

《百年前之香港》，约翰·温讷编，王无邪译，香港市政局 1981 年版。

《百年中文文学期刊图典》，陈建功主编，文化艺术出版社 2009 年版。

Be Nabob, By Prof.Grent, William Heinemann, 1903.

《北窗读书录》，霜崖著，香港上海书局 1969 年版。

《北窗夜钞》，罗焌著，香港上海书局 1966 年版。

《笔谈》半月刊第三期。

C

Camille, By Alexandre Dumas, Fils, The limited Editions Club, 1937.

Carl Spitzweg, By Siefried Wichmann, Bruckmann München, 1990.

《插画考》，郭书瑄著，台北，如果出版社 2007 年版。

《茶花女遗事》，小仲马著，晓斋主人、冷红生译，商务印书馆 1934 年版。

《出版生涯七十年》，王仿子著，上海百家出版社 2010 年版。

《钏影楼回忆录》，包天笑著，香港，大华出版社 1971 年版。

《创刊号新编》，连民安编著，中华书局（香港）有限公司 2018 年版。

《创造月刊》。

D

《大成》杂志第一五九期。

《刀笔 画笔 文笔——黄新波在香港》，黄蒙田、陈实等著，黄元编，香港，天地图书有限公司 2011 年版。

《读书随笔》，叶灵凤著，上海杂志公司 1946 年版。

F

《妇心三部曲》，显尼志勒著，施蛰存译，言行社 1947 年版。

《风虎云龙传》，百剑堂主著，香港三育图书文具公司 1956 年版。

G

《橄榄》，郭沫若著，创造社出版部 1926 年版。

《高尔基传》，罗斯金著，汝龙译，文化生活出版社 1949 年版。

《哥耶画册》，香港，新艺社 1940 年版。

《桂林行旅记》，陈凡著，澳门，于今书屋 1987 年版。

H

《海滨姑娘》，慕容羽军著，亚洲出版社有限公司 1960 年版。

《海角天涯十八年》，易君左著，大明王氏出版有限公司 1970 年版。

《海水的腥味：阮朗文集》，香港，三联书店（香港）有限公司 2019 年版。

《海天集》，柳木下著，香港，上海书局 1957 年版。

《海洋文艺》第一卷第二期。

《荷李活道：寻觅往日风华》，中华书局（香港）有限公司 2018 年版。

《亨利·巴比塞》，杜克洛、弗莱维勒著、王道乾译，平明出版社 1953 年版。

《红豆集》，霜崖等著，香港新绿出版社 1962 年版。

《洪水》杂志。

《幻洲》半月刊。

《火线》，巴比塞著，一沙译，人民文学出版社 1958 年版。

《花甲录》，[日]内山完造著，刘柠译，九州出版社2021年版。

J

《急转的陀螺》，郁风著，三联书店（香港）有限公司1987年版。

《旧平装书》，翁长松著，上海文化出版社2008年版。

《旧书刊中的香港身世》，杨国雄著编著，三联书店（香港）有限公司2014年版。

K

《开卷》月刊第六期。

《凯绥·珂勒惠支画册》，香港，新艺社1939年版。

《凯绥·珂勒惠支之画》，香港，人间画会1949年版。

《看路开路——慕容羽军香港文学论集》，香港，初文出版社有限公司2019年版。

《珂勒维茨：永远的人民艺术家》，黄晓微著，台北，艺术家出版社2012年版。

L

Le Feu, Flammarion, 1965.

Les Faux Monnayeurs, Gallimard, 1925.

Letters From My Mill, C.Arthur Pearson Ltd, 1950.

Letters of Abelard and Heloise, Joseph Wenman, 1787.

《涟漪诗词》，方宽烈著，香港文史研究会2000年版。

《粮食——保卫沙里津》，A.托尔斯泰著，蒋学模译，大时代书局1941年版。

《两叶集》，罗漫、徐冀著，香港宏业书局1962年版。

《梁永泰·春归而华实》，香港，公元出版有限公司2007年版。

《猎书小记》，黄俊东著，香港，明窗出版社1979年版。

《蕗谷虹儿》，东京，河出书房新社2013年版。

《鲁迅诗文生活杂谈》，张向天著，香港，上海书局有限公司1977年版。

M

《漫谈小说习作》，甘丰穗著，香港学文书店。

《蒙地加罗》，显克微支著，叶灵凤译，大光书局1936年版。

《民国书衣掠影》，高信著，上海远东出版社2010年版。

《明信片中的日占香港影像》，张顺光、陈照明著，三联书店（香港）有限公司2021年版。

《木犀》，陶晶孙等著，创造社出版部1926年版。

《磨坊文札》，都德原著，成绍宗、张人权合译，创造社出版部1927年版。

N

Nooks & Corners of Old New York, By Charles Hemstreet, Illustrated By E.C.Peixotto, Charles Scribner's Sons, 1899.

Q

《钱君匋装帧艺术》，钱君匋著，商务印书馆（香港）有限公司1992年版。

《青年界》第十卷第三号。

《秋兴集》，徐克弱著，香港，大光出版社1979年版。

R

《热风》半月刊第五十三期。

《日安忧郁》，莎冈著，陈春琴译，台北，麦田出版2020年版。

S

Stories From The Arabian Nights, With Illustrations By Edmund Dulac, Hodder and Stoughton Limited.

《少年维特之烦恼》，歌德原著，郭沫若译，创造社出版部1928年版。

《少年维特之烦恼》，德国歌德著，郭沫若译，上海现代书局1931年版。

《石川达三集》，东京，集英社1967年版。

《世界性俗丛谈》，叶灵凤著，香港，南粤出版社1989年版。

《是谁的暴行》香港大公报1967年版。

《书话集》，黄俊东著，香港，波文书局1973年版。

《书叶丛话——姜德明书话集》，北京图书馆出版社2004年版。

《书衣百影》，姜德明编著，生活·读书·新知三联书店1999年版。

《书影》，姚志敏等主编，上海远东出版社2003年版。

《书影留踪》，香港中文大学大学图书馆系统2007年版。

《丝韦卷·香港文丛》，三联书店（香港）有限公司1992年版。

《岁月留情——香港漫画史》，郑德华、炎子著，三联书店（香港）有限公司1992年版。

T

《唐弢藏书》，于润琦编著，北京出版社2005年版。

The Canterbury Tales of Geoffrey Chaucer, With ILLustrations By W.Russell Flint.Hale, Cushman and Flint, 1928.

The Decameron of Giovanni Boccaccio, Blue Ribbon Books, 1931.

The Decameron of Giovanni Boccaccio, Translated By Richard Aldington With Aquatints By Buckland-Wright, The Folio Society,1998.

The Droll Stories of Honoré De Balzac, Blue Ribbon Books, 1932.

The Modern Reader's Chaucer, Macmillan, 1938.

The Natural History of Selborne, The Bodley Head Ltd.1929.

The Yellow Book, Volume I April, 1894.

Time, October 21, 1946.

《听雨楼丛谈》，高伯雨著，香港南苑书屋1979年版。

《图说听雨楼随笔》，高伯雨著，香港，牛津大学出版社2018年版。

《拓荒者·垦殖者·刈获者——许地山与香港新文化的萌蘖和勃兴》，胡从经著，中华书局（香港）有限公司2018年版。

W

《晚晴杂记》，叶灵凤著，香港上海书局1970年版。

《望舒诗稿》，戴望舒著，上海杂志公司1937年版。

《未死的兵》，石川达三著，夏衍译，南方出版社1938年版。

《未死的兵》，石川达三著，夏衍译，南方出版社1940年版。

《文艺画报》。

《文艺随笔》，叶灵凤著，香港南苑书屋1979年版。

《维纳斯与亚当尼》，莎士比亚著，曹鸿昭译，大时代书局1943年版。

《我们必胜！港英必败！》香港大公报一九六七年十一月出版。

《无尽的书事》，许定铭著，香港，初文出版社有限公司2022年版。

《五十人集》，张千帆等著，香港，三育图书文具有限公司1961年版。

《五十又集》，余翁等著，香港，三育图书文具有限公司1962年版。

X

《现代》杂志。

《现代小说》。

《香岛沧桑录》，叶灵凤著，中华书局（香港）有限公司1989年版。

《香岛沧桑录》，叶灵凤著，中华书局（香港）有限公司

2011年版。

《香海浮沉录》，叶灵凤著，中华书局（香港）有限公司1989年版。

《香海浮沉录》，叶灵凤著，中华书局（香港）有限公司2011年版。

《香港传媒五十年》，陈青枫著，三联书店（香港）有限公司2020年版。

《香港当代作家作品选集·曹聚仁卷》，香港，天地图书有限公司2016年版。

《香港当代作家作品选集·高雄卷》，香港，天地图书有限公司2016年版。

《香港当代作家作品选集·叶灵凤卷》，香港，天地图书有限公司2017年版。

《香港的失落》，叶灵凤著，中华书局（香港）有限公司1989年版。

《香港的失落》，叶灵凤著，中华书局（香港）有限公司2011年版。

《香港方物志》，叶林丰著，香港，上海书局有限公司1973

年版。

《香港方物志》，叶灵凤著，中华书局（香港）有限公司2011年版。

《香港方物志：珍藏版》，叶灵凤著，余婉霖绘，商务印书馆2017年版。

《香港历史明信片精选》，唐卓敏、佟宝铭、张顺光、巫羽阶合编，三联书店（香港）有限公司1993年版。

《香港文化脚印二集》，罗隼著，香港，天地图书有限公司1997年版。

《香港文学大系一九一九——一九四九·散文卷一》，樊善标主编，商务印书馆（香港）有限公司2014年版。

《香港文纵》，卢玮銮著，香港，华汉文化事业公司1987年版。

《香江冷月——日据及前后的香港》，郑宝鸿著，商务印书馆（香港）有限公司2020年版。

《香江旧事》，霜崖编著，香港益群出版社1968年版。

《向水屋笔语》，侣伦著，三联书店香港分店1985年版。

《乡土》半月刊。

《新绿集》，叶灵凤等著，香港新绿出版社1961年版。

《新雨集》，叶灵凤等著，香港，上海书局有限公司1977年版。

《新中华画报》。

《幸福》，巴甫连柯著，草婴译，时代出版社1953年版。

Y

《叶灵凤杰作选》，巴雷编选，上海新象书店1947年版。

《叶灵凤卷（香港文丛）》，三联书店（香港）有限公司1995年版。

《叶灵凤日记》，叶灵凤著，卢玮銮、张咏梅笺/注，三联书店（香港）有限公司2020年版。

《野外香港岁时记》，香乐思原著，彭玉文译注·摄影，中华书局（香港）有限公司2018年版。

《一个记者的经历》，陈凡著，广东人民出版社1985年版。

《艺林丛录》，商务印书馆香港分馆1973年版。

《艺术新潮》2009年7月号。

《园边叶》，吴其敏著，三联书店香港分店1986年版。

Z

《灾难的岁月》，戴望舒著，星群出版社1948年版。

《在出版界二十年》，张静庐著，上海杂志公司1938年版。

《瞻望张光宇：回忆与研究》，唐薇、黄大刚编，生活·读书·新知三联书店 2012 年版。

《张保仔的传说和真相》，叶林丰著，香港上海书局 1970 年版。

《张保仔的传说和真相》，叶灵凤著，中华书局（香港）有限公司 2011 年版。

《张光宇年谱》，唐薇、黄大刚著，生活·读书·新知三联书店 2015 年版。

《纸鱼繁昌记（鲁庵随笔）》，斋藤昌三、柳田泉编纂，东京，书物展望社 1932 年版。

《中国现代木刻史》，唐英伟著，中国木刻用品合作工厂 1944 年版。

《转徙西南天地间》，皮以存著，香港，七十年代杂志社 1973 年版。

《紫禁城的黄昏》，秦仲龢译写，香港春秋出版社 1968 年版。

《左拉》，让·弗莱维勒著，王道乾译，新文艺出版社 1957 年版。

后 记

　　叶灵凤是中国现代著名作家、藏书家、编辑家、画家。自从三联书店推出他的三卷本《读书随笔》，一时风靡读书界。我在二十年前曾经出版过一本《叶灵凤传》，虽说是海内外第一本，目前为止也还是唯一一本，但其简略单薄也是令我和读者诸君均感遗憾的。香港三联书店和香港中华书局先后诚邀我进行修订，无奈冗务缠身，迟迟未能交卷。不过我始终未曾停止过对于叶灵凤的追寻，特别是十年前得获香港游学机会，又与叶先生家人取得联系，对于叶灵凤著述和生平资料有了不少新的收获；特别是，由叶灵凤出发，对于他的朋友圈和他所置身的彼时彼地有了更多认识。叶灵凤后半生在香港度过，其在港出版著作少为人知，究竟出版过哪些著作也莫衷一是，非常有必要做一梳理，基于此，我就将传记修订的计划暂时放下，首先写出了这本《南国红豆最相思》（原拟名《叶灵凤香港出书记》，后因一些技术问题，抽取一个篇名做了全书的名字）。不敢说将叶灵凤在香港出版著作一网打尽，但也做到了八九不离十，值得一提的是，挖出了以往较少为人道的《红翼东飞》等书，也对他编辑"新艺社丛书"的来龙去脉差不多搞了个清楚。我还意在通过叶灵凤在港出书的经过，折射香港的时代变迁和文化生态，剖析叶灵凤下半生的思想生活，刻画出一个爱书爱画、爱国爱港的传统文人的境界情怀。对于与叶灵凤交往密切的梁永泰、孙寒冰、刘芃如、黄蒙田、张千帆、源克平、阮朗、陈凡、侣伦、柳木下、张向天、赵克、罗琅等人的记述，也是以往少为人做的。我还为本书精心挑选配置了二三百幅插图，除了部分来源于《叶灵凤日记》等书刊，大多出自我自己的私藏，购置这些书物资料，成本远远高于微薄的稿酬收入，但为了叶灵凤，也为了读者喜欢，无疑非常值得。

这本书的写作出版，得到诸多师友的支持和鼓励。

首先要感谢叶灵凤先生的家人，感谢他们也拿我当家人看待。特别是叶先生的女儿叶中敏，不仅每次都请我吃父母喜欢吃的上海菜，还让我亲炙了叶灵凤日记手稿等珍贵资料。她还介绍我认识了整理笺注《叶灵凤日记》的卢玮銮教授，也就是著名香港作家小思老师。小思老师细心周到地安排我到香港中文大学参观叶灵凤生前藏书，并为我查阅香港文学特藏提供诸多便利。香港中华书局总编辑侯明女士，早在香港三联主持编务时就热忱地邀我修订《叶灵凤传》，履新中华之后仍旧督促有加，可惜我一直没有满足她这个心愿，尽管如此，她仍然不厌其烦地为我买书找资料提供便利，甚至发动她的同事黎耀强副总编辑和叶秋弦编辑为我提供各种帮助。还有素未谋面的张咏梅教授和苏春晖先生，或者以间接方式为我解惑，或者赠我以难得的图书，也足堪感念。内地方面，对叶灵凤著述素有研究和收藏的姜德明先生、陈子善先生和谢其章先生，也给了我许多教益和启发。

这本书里的部分篇目曾先期在《四川日报》副刊发表，值此成书之际，衷心感谢房方先生的热诚推荐和赵晓梦先生及其团队的精心编辑。

如同我的大多数著作一样，这本书仍旧在法律出版社出版。之所以不离不弃，是因了这家出版社的开放与包容。事实上，长期以来，我和责任编辑许睿、书籍设计师乔智炜、责任印制胡晓雅、排版师王菊萍，已经组成一个十分默契的小分队，每一本新书的打造过程，都是一次令人难忘的美好回忆。

二〇二三年四月二十六日